Carl Axel Gottlunds
förteckning över familjenamnen
på de svenska och norska finnskogarna

En dokumentation 1817-1823

Carl Axel Gottlunds
förteckning över familjenamnen på de svenska och norska finnskogarna

En dokumentation 1817-1823

Anna Forsberg och Niclas Persson

Veidarvon

Veidarvon
Andersbergsvägen 12
802 63 Gävle
www.veidarvon.com
veidarvon@telia.com

© Förlaget Veidarvon, Anna Forsberg, Niclas Persson, 2003.
Kompletterad nyutgåva 2015.

Tryck: BoD 2015.
ISBN 978-91-982058-4-8

Mångfaldigande av innehållet i denna bok, helt eller delvis, är förbjudet utan författarnas skriftliga medgivande. Förbudet gäller varje form av duplicering genom tryckning, duplicering, stencilering, scanning, fotografering, bandinspelning, elektronisk återgivning samt att på något annat sätt transformera informationen från boken.

Innehåll

Ett bortglömt verk väcks till liv - en beskrivande inledning 7
    Gottlunds resor till finnskogarna 7
    En gedigen dokumentation över finnskogarna 9
    Den moderna forskningen 11
    Originalmanuskriptet och avskriften 11
    En källa till finnkulturen 13

Förteckning å Familjenamnen m.m. på de Svenska och Norrska Finnskogarna. 14

Käll- och litteraturförteckning 149
    Otryckta källor 149
    Tryckta källor 149

Register 151

Ett bortglömt verk väcks till liv
- en beskrivande inledning

Under perioden 1570-1660 koloniserades de stora barrskogsområdena i mellersta Skandinavien av skogsfinnar från det inre av Finland. De hade med sig sin speciella kultur och en annorlunda odlingsteknik. De bosatte sig i områden som kom att kallas finnskogar, finnmarker eller finnbygder. Den skogsfinska kulturen levde länge kvar i många områden, där vardagsspråket var den egna finska dialekten och de traditionstyngda släktnamnen ännu användes. I början av 1800-talet skulle denna kultur och dess folk komma att uppmärksammas av den finske Carl Axel Gottlund.

Vi har tidigare givit ut Carl Axel Gottlunds nedteckningar av finska släktnamn i några värmländska socknar med finsk befolkning. Gottlunds släktnamnsförteckning känns därför som en naturligfortsättning och framstår, både som källa och historiskt dokument, som en viktig komplettering till dagens bild av finnskogarna på Gottlunds tid.

Med våra publikationer hoppas vi kunna visa hur olika finnbygder, i ett samspel, utgör delar i en större helhet med både unika och generella särdrag. Gottlunds "verk" att dokumentera den finska befolkningen såsom en minoritet är också ett tydligt uttryck för en nationalistisk/etnisk rörelse som hade klara kopplingar till det övriga Europas utveckling under samma tid.

Gottlunds resor till finnskogarna

Carl Axel Gottlund föddes i februari 1796 i Forsby bruksförsamling i Finland som son till prästen Matthias Gottlund och hans hustru Ulrika Sophia. Han växte upp i en dåtida medelklass där hans far och senare en släkting lärde honom att läsa och skriva. Familjen flyttade så småningom till nuvarande

Juva församling i Savolax. Där var vardagsspråket bland allmänheten finska, något den unge Carl Axel lärde sig snabbt. År 1814 började han studera vid Åbo Akademi, men bytte senare till Uppsala universitet dit han anlände undersommaren 1816. Här kom han att möta många personer som skulle influera hans tankar, bland annat Erik Gustaf Geijer och P. D. A. Atterbom som var frontfigurer i den moderna romantikrörelsen.

Det var under denna tid, närmare bestämt på våren 1817, som Gottlund recenserade den tyske Friedrich Ruhs´ publikation Finland och dess invånare. Gottlund valde, efter en kort studie bland sina finska kamrater, att undersöka författarens påståenden genom att företa en resa från Uppsala till Hälsingland, Dalarna, Västmanland och östra Värmland. På resan möttes han av människor av vilka flera förnekade sitt finska ursprung, men avslöjade sin härkomst efter att Gottlund börjat tala finska med dem. Hans resa bestod av många upplevelser och en dokumentation, helt i tiden för den nationalromantiska andan. Gottlund hade sedan unga år fört dagbok och denna vana trogen, skrev han nu en detaljerad och omfattande reseberättelse. När han återkom till Uppsala på höstkanten 1817, avslutade han sin recension av Ruhs´ bok. Han hade nu fått ett intresse som skulle följa honom resten av hans liv och lägga grunden till delar av källorna till finnkulturen, så som vi känner dem idag.

De följande åren växlades Gottlunds forskning och studier med resor till hemlandet. Han kom tillbaka till finnskogarna år 1821 och besökte då Värmland och östra Norge. Under denna resa kom han att försöka samla den finska befolkningen till en enhet, genom bildandet av en finskspråkig social organisation med skolor, kyrkor och administration. Det var särskilt i finnskogarna i nordvästra Värmland och i östra Norge som detta skulle komma att ta sig mera konkreta former. Genom kontakter med socknarnas präster fick Gottlund tillfälle att låna församlingarnas husförhörslängder. Som ett led i sitt arbete nedtecknade han finnarnas släktnamn i dessa för att dokumentera den finska befolkningen och för att underlätta för kommande generationers finnättlingar. Han säger med sina egna ord, i samband med lånet av Östmarks husförhörslängder:

> Likväl sa jag rent ut lite förr än jag gick, att jag skulle taga hans kyrkböcker hem med mig till mitt kvarter och där (om det ej vore honom emot) inteckna deras familjenamn som jag kände. Att det kunde vara artigt i en framtid att se, vilka släkter härfunnits då intet annat spår av dem vore övrigt, än blott minnet som en saga gick i bygden, m.m. grannlåter, som jag inflätade. [...] Avsikten därmed var att jag ville att finnarna skulle i skrift få upptaga sina gamla släktnamn, och ämnade anmäla denna sak åt biskopen. [1]

En gedigen dokumentation över finnskogarna

Resultatet av dessa tankar blev en omfattande dokumentation av skogsfinnarna i både Sverige och Norge. Detta material användes som underlag för ett förslag, en petition, som Gottlund författade. Denna syftade till bildandet av ett finskt härad på båda sidor av den nuvarande svensk-norska gränsen. Petitionen beskrev även den skogsfinska befolkningens historia, utbredning och förhållande och lämnades in till den svenske monarken, Carl XIV Johan, den 3 maj 1823. Det blev den värmländske landshövdingen och tidigare militären Johan af Wingård som fick ta sig an ärendet på remiss. Wingård var sedan tidigare positiv till Gottlunds arbete och hade varit behjälplig under våren 1823, men ändrade nu åsikt kring dennes arbete. Vi vet idag att flera präster och bruksägare var emot Gottlundsidéer och petitionen föll följaktligen i riksdagen samma år. Året 1826 bestämdes dock att det skulle byggas kapellkyrkor i vad som idag är Norra och Södra Finnskoga, likaså skulle religiösa skrifter inköpas.

Som en del av underlaget till petitionen fanns förteckningen överfamiljenamnen. Den beskriver i detalj de finska släkternas historia och utspridning i de svenska och norska finnskogarna. Förteckningen är en sammanställning av den kunskap Gottlund samlade på sina resor. Beskrivningen nämner ortnamn och bosättningar från Ockelbo finnmark i öster till de västra finnskogarna i Norge, från Karlanda finnskog i söder till Stödes och Torps finnbygder i norr. En tid senare reste Gottlund till Finland men återkom till Stockholm mellan åren 1826-1834. Gottlund med hustru Charlotta Brink flyttade år 1835 till Kuopio och därifrån till Helsingfors 1839. Där fick han en lektorstjänst i finska språket vid Helsingfors Universitet, vilken han innehade fram till sin död år 1875. De yrkesverksamma åren kantades av publikationer och artiklar i de mest skilda ämnen, dock alltid kretsande kring finnarnas historia. Som ett led i sin bokförlagsverksamhet försökte han år 1866 förgäves fåmedel för att ge ut förteckningen över de finska familjerna, medföljande egen beskrivning:

> Förteckning, ej blott på alla de skilda Finska familjer, med olika slägtnamn, som (mig veterligen) hit till dessa skogar, först, ifrån Finland inflyttat, utan äfven hvarest de först nedsatt sig, och hvarifrån de sedermera, åt olika håll, utbredt sig; (d.v.s. hvilka platser de först uppodlat, bebyggt, och befolkat, och hvilka de innehafva och bebo).[2]

Under tidigt 1870-tal publicerades också *Allmogens i Savolax och Karelens släktnamn* och även *Den finska Sampomyten*.

Av Gottlunds goda föresatser finns idag ett gediget forskningsmaterial, även om den ursprungliga petitionen är försvunnen, kanske uppbrunnen vid branden i Karlstad år 1865. Hans arbetsmaterial och samlingar finns idag förvarade i främst två arkiv, Finska Riksarkivet där Finska Historiska Samfundets arkiv rymmer Gottlundshandlingar samt Finska Litteratursällskapet som har många nedteckningar av runor, samt de intressanta dagböckerna som sedan länge utgör en viktig del i finnskogsforskningen.

Den moderna forskningen

De skogsfinska områdena var under mitten och slutet av 1800-taletmindre intressanta i forskningssammanhang. Det var under 1900-talets första decennier som framförallt etnologer och språkforskare återupptäckte finnkulturens intressanta kulturarv. Som ett led i detta väcktes även intresset för vad tidigare forskare åstadkommit. En av dessa forskare som uppmärksammades var Gottlund.

Gottlunds dagböcker avskrevs och publicerades 1931. Dagboken för Värmland och Norge av år 1821 utkom efter initiativ från Värmlands Museum. Uppdraget att skriva av texten och översätta de finska partierna ankom på finnättlingen Olov Olovsson i Östmark (1891-1969). Han var även en av de främsta bidragsgivarna till Bror Finneskogs tidning Finnbygden. Ett av Olovssons största arbeten, förutom Gottlunds dagbok, är den 44 artiklar långa serien under åren 1962-1973, om de norska och svenska finnskogarnas släkter och släktnamn. Han hade här sammanställt information från flera källor, såsom Fernow och Smith, men även delar ur Gottlundssamlingar. Det är inte orimligt att tänka sig att även föreliggandesläktnamnsförteckning fanns med bland dessa, då faktauppgifterna delvis påminner om varandra. Idag är åter det skogsfinska ämnesområdet av stort intresse för både forskare och allmänhet. Att tillgängliggöra olika historiska källor om ämnet är därför av största vikt för att forskningen och kunskapen ska kunna fortleva. Det bör dock påpekas att dagens forskning i vissa fall kommit längre i kunskaper kring bosättningarnas tidigaste historia än vissa uppgifter som Gottlund återger i släktnamnsförteckningen.

Originalmanuskriptet och avskriften

Originalmanuskriptet som förvaras i Finska Historiska Samfundets arkiv på Finska Riksarkivet med arkivhänvisning VII:9:9, består av 16 ark i foliantformat, där arken är skrivna på båda sidor. Manuskriptet som delvis är i bra skick, har endast ett ställe där sidor tillfogats. Originaltitel är "Förteckning å Familjenamnen m.m. på de Svenska och Norrska Finnskogarna", vilken har fått ge denna bok sin titel om än i modern tappning.

Gottlunds manus är inte färdigt utan är kompletterat med mångatillägg och anteckningar i marginalen. I vår avskrift har tilläggen lagts till huvudtexten och satts inom klamrar ([ ]). Gottlunds överstrykningar har inte medtagits, ej heller ovidkommande strödda anteckningar som inte kunnats förknippas med texten. I marginalen har Gottlund senare tillfört information om i vilka socknar släkten påträffas i Finland, och denna har lagts till efter huvudtexten, men med mindre textstorlek.

Gottlunds stavning och språkbruk har inte ändrats. Texten är alltså en noggrann och bokstavsenlig avskrift av manuskriptet. I de fall där orden inte kunnat tydas har streck satts in (----), med antalet streck motsvarande det antagna antalet oläsliga bokstäver. Gottlundförkortar konsonanter, t.ex. "nn" skrivs iställlet "ñ". Sådana förkortningar har konsekvent skrivits ut.

Gottlund har också givit släktnamnen en numrering, som ändrats allt eftersom arbetet framskridit. Vi har återgivit släktnamnen i ursprungligordning och de står därför inte alltid i korrekt bokstavsordning. Vi har inte ändrat Gottlunds stavning av släktnamnen, beroende på vår källtrogna avskrift och för att Gottlunds version är en kombination av savolaxfinsk och begynnande riksfinsk stavning.

Släktnamnen har tolkats och översatts till svenska av Gottlund på ett senare stadium. Detta vet vi av de olika stilar han använder i sina arbeten under olika tidsperioder. Översättningen och tolkningen föregås av förkortningen "d.l.", vilket kan antas betyda "det läses". Tolkningarna skall dock ses som ett kuriöst och historiskt inslag.

En källa till finnkulturen

I enlighet med Gottlunds egna önskemål vill vi nu publicera hans släktnamnsförteckning, då detta dokument saknats i tillgänglig form för en större allmänhet. Vi vill med detta också ta tillfället i akt att ge en möjlighet för dessa bosättares ättlingar att med enkla medel finna tillbaka till sin historia. Av en händelse är det också denna månad exakt 180 år sedan Gottlund överlämnade sin petition om ett finskt härad, där även informationen i denna förteckning tilldelar fanns med i den gedigna dokumentationen.

Det saknades länge material för tiden mellan den finska inflyttningen och dagens samhälle, men under senare år har det utkommit ett flertal skrifter som noggrant beskriver denna period och som utgör grunden för det stora intresse finnkulturen idag har fått. Vi anser att släktnamnsförteckningen är ytterligare en länk till en mermeningsfull beskrivning av finnkulturen.

Vi vill särskilt tacka Torsby Finnkulturcentrum för lån av det mikrofilmade manuskriptet samt tacka Finska Riksarkivet/Finska Historiska Samfundet som gav oss tillstånd att publicera detta intressanta och sedan länge bortglömda verk. Ett viktigt moment i arbetet har varit att modernisera stavningen av norska och svenska ortnamn i registret samt bestämma deras sockentillhörighet och till detta har värdefulla upplysningar lämnats av Kenneth Larsson, Magne Ivar Mellem, Finn Sollien, Jan Myhrvold och Rolf Rønning. Avslutningsvis vill vi tacka alla som uppmuntrat och stöttat oss under det långa arbetet med denna publikation.

Efter att varit slutsåld under en längre tid bestämde vi under 2015 att åter utge denna bok med de rättelser som upptäckts.

Gävle och Torsby i maj 2015

Anna Forsberg och Niclas Persson

Förteckning å Familjenamnen m.m. på de Svenska och Norrska Finnskogarna.

1. **Ampiainen.** [(den lilla Getingen)] Denna slägt har fordom bott på en udd i sjön Närsjön i Nås socken, i Vester-Dalarna, kallad Laknäs eller mörtnäs, [belägen] ei långt från Sormula by, på Svenska Närsen, kallad. Fadren som först upptog detta ställe, förmodas varit kommen från Finland, och skall varit en heders man. Men alla hans söner vanslägtades och blefvo stora vindtföglar. De voro 7 till antalet, och alla stora och hurtiga karlar. En af dem begick ett slägtenskapsbrott och [våldförde sin egen syster,] nödgades derföre rymma öfver till Norrige. En drunknade vid holmen Kavian Suaari dit han begifvit sig att ansa sina nät. En blef af de Svenska bönderna ihjälskjuten i Kråkbo Fäbodar, och de andre blefvo i från sitt hemman förjagade, som derigenom råkade i öde. Kronan som ej kunde gå i miste om sina inkomster från Laknäs, ålade dem som förjagat finnarne, att gälda de samma. På sådant sätt kom krono utskylderna för detta hemman att fördelas öfver hela socknen, men som ej alla socknemännen kunde af det samma draga någon nytta, beslöt man ändteligen att skänka det åt prästen, som [var fiffig nog att genast] härpå tag[a] laga stadfästelse, i kraft hvaraf hans [efterföljare] nu besitter det, ehuru sockneboarne än idag få derföre betala alla utlagorne. Dessa Ampiaiser hafva årligen [sjelfva midsommardagen anställt offer(?)] på en stor, jämn och fyrkantig sten i sjön Närsen, hvilken [sten] af denna anledning än idag kallas Ampiaisen pöutä ["Ampiainens bord"]. [Troligen dock var det icke midsommardagen, utan snarare sjelfva medsommarsnatten de firade [festens högtid] på stenen; och der (såsom vanligt) med en så kallad kokko (eller midsommareld).].
_Denna slägt, skall enligt sägen, äfven först [hafva] uptagit byn Vika i Sunne socken i Vermland, men derifrån blifvit af de Svenske fördrifven. Visst är åtminstone att en Ampiainen från

Östmarks finskogar, såsom den sista ättlingen af bördesmännerna, fick på ett af de sistförslutne åren, af dessa byamän en gåfva af några Rd. för sitt fäderne. _För det närvarande tyckes denna slägt nu vara på vägen att dö ut, dock finnes deraf en afkomling i [byn] Rusala (Rosenstorp) [å finnskogarna] i Östmarks socken, och en annan i byn Vilhula (Skråckarberget) [å finnskogarna] i Dalby socken, samt i byn Vemo (fennmoen) på Brandvolds finskogar i Norrige. Förmodeligen är det denna slägt Fernov, sid. 528, kallar Ambian.

Familjenamnet Ampiainen förekommer, mig veterligen, numera icke i Finland annorstädes än i Jockas socken, der, i min ungdom fanns en qvinna, hvars namn i kyrkboken var Ampitar. Troligen orätt skrifvet, istället för Ampiatar (d.v.s. Ampiaisen tytär, eller "Ampiainens doter"). Namnet påstås dock af några [ännu] förefinnas i Ruskeala socken.

2. **Arpiainen**. [(d.l. med ärret)] En Per Paulsson Arpiainen skall först hafva uprödjat boningsplatsen Arpiaisen torppa under Näs hemman å finnskogarna i Gräsmarks socken i Vermland. Vidare känner man ej om denna slägt, som numera lär [vara] utgången.

Fernov kände ej denna slägt.

Slägtnamnet Arpiainen förefinnes i socknarne St. Michel, Piexämäki, Jorois, Rautalampi, äfvensom i sjelfva Petersburg. Dessutom anträffas familjenamnet Arpainen i Lemhola socken i Ingermanland, och namnet Arpoinen i Viborg, Sordavala, Juritsmo, [Ruskiala, Joensuu] och i Petersburg.

[följande är överstruket:

Bonde - se Puntainen

Burk - se Purkainen]

3. **Eskoinen**. [(d.l. högdragne)] Af denna slägt finnes blott några spår i byarne Monkanranta (Mongstranden) å Fryksände östra Finnskog, och Rämälä (Digerberget å Ny Sockens finskogar i Elfdalen af Vermland. Denna slägt skall egentligen vara en utgrening av familjen Hartikainen, upkommen som man säger

15

derigenom att en Esko eller [Eskil] Hartikaises barn blifvit efter fadren benämde Eskoloita och Eskoisia. Annars finnes denna slägt äfven i Savolax.

Fernov nämner ej heller denna slägt.

<small>Att även detta namn förekomm[er] i Finland, skönjes deraf att byar [och gårdar] med namnet Eskola anträffas i socknarne Orimattila, Hollola, Törnävä, [Pielavesi] m.fl. hvarom någon med namnet Eskil rådt. Slägtnamnet Eskelinen skall förekomma i Kangasniemi och Tuusniemi socken.</small>

4. **Haikoinen.** [(d.l. sväfvaren)] Den Finne som först uptog byn Bredsjön i Fryksände Vestra finnskog, skall hetat Haikoinen, hvarföre och byn än i dag efter honom på Finska kallas Haikola. En af av hans efterkommande, benämd Hennrich Haikoinen [H.] begick ett mord på en Ikoinen [från byn Longkärn, hvilket skedde] uppå sveden Murrha-aho, och i anledning [hvaraf han rymde] till Norrige. En annan vid namn Staffan Thomasson H. gjorde en utflyttning från Haikola och uptog först Lehtomäki (Löfåsen) på Fryksände finnskog. För det närvarande finnes denna slägt, mest utspridd på dessa skogar, och träffas förnämligast i byarne: Haikola, Puntala (Ormhöjden), Lekvatten, Rörkullen och [Quarnberg], alla innom Fryksände socken, samt dessutom i byn Longkärn i Gräsmarks socken, och i byn Kössölä (Kösstorp) i Gunnarskogs socken, samt vidare dessutom i Norrige, i byn Värälä (Varaldskogen) på finnskogarne i Vinger socken. Hvilka sistnämnde förmodligen lära vara afkomlingar till Hindrik från Bredsjön. Måhända är det denna slägt som Fernof sid. 528. kallar: Haithen; ty ett sådant namn är aldeles obekant.

<small>Slägtnamnet Haikoinen förefinnes i socknarne Jockas, Puumala, Kangasniemi, Pyhäjärvi, St. Andreas, [Savitaipale, Kexholm] Kuoritsa och i Petersburg. Byar med namnet Haikula finnas i Kristina, Sievi [Taipalsaari och Nurmis;] och Haikala i Vilmanstrand, samt Haikiala i Piexämäki socken.</small>

5. **Hakkarainen**. [(d.l. huggaren)] En Per Paulson Hakkarainen, hemma från Rautalampi i Savolax, skall [först tjent som

trossgosse, men sedan såsom betjent] betjent åt en grefve Jacob Posse, hvilken han länge troget tjen[a]t, men sluteligen, ledsen vid [tjensten, rymde han] ifrån honom, sedan han flere gånger förut förgäfves önskat erhålla sitt afsked; [samt anlände med hustru och barn i en fiskarbåt öfver Ålands haf till Gefle, hvarifrån] Han marcherade till finnskogarna i Vermland, och var den samma som först uptog byn Naijen eller Nuaari i Exhärads Socken, och blef stamfar för denna vidlyftiga slägt, som sedan spridt sig ganska vidt öfver dessa Finskogar. [Dock för än han flyttade till Naijen, bodde 2ne år, såsom inhysning hos finnarna i byn Sikala (Quarnberg) å Säfsens skogar; hvarunder han bland andra sveder, gjorde en, på en backe efter honom, kallad Hakkaraisenmäki, och hvarest nu befinnes en by.] Svenska bygdfolket brände 2ne särskildta gånger up hans nybyggen [i Naijen]. Hvarpå han för att anföra klagan spatserade till Stockholm. Här träffade han sin gamla husbonde hvilken väl först gaf honom sina förebråelser, men sedan hjelpte honom i dess affairer. Mycket beryktad för sin ovanliga kroppsstyrka, skall han [enligt sägen] hafva upnått en ålder av 150 år, samt varit så föråldrad, att han de 20 sista åren af sin lefnad gått i bara skjortan. Utom döttrar, ägde han sju söner, alla liksom fadren kända för sin styrka. Af dessa flyttade Lars och Joseph Persöner [H.] till byn Aspeberget på Dalby Sockens norra finnskog, der [de] hvardera uprödjade sig nya gårdar. En tredje bror Paul Person H. uptog först byn Brunberget på malungs finnskog i Vesterdalarna. Den fjerde Brodern Per Person H. upptog först Torpberg - äfvenledes i Malung, [Enligt andra skall dess första bebyggare hetat Lars Larsson Hakkarain] den femte Hindrik Person H. bodde quar i Naijen. Hvart de andra begge togo vägen, minnes man ej mera. Paul Pers. H. lämnade Brunberget åt sin son Jakob Pauls. H. och uptog sjelf åter ett nytt ställe, kalladt Björnåsen på samma skogar. [En Lars Mattson H. fr. Naijen uptager först Östergåskärnsberg å Malungs finskog vid pass 1794.] _En Hindrik Hindriksson H. från Naijen blef med våld bortförd till krigstjenst, då han en söndag hade gått att bevista Gudstjensten i körkan; man har sedan aldrig fått någon kunskap om honom; han högg då med yxan sitt namn i en stor fura vid Tälkimäki backe, samt derunder årtalet 1696. Det trädet stod ännu 1817. Hindrik Larson H. täljde jämt 100 år därefter [eller år 1796] bort de tjocka kanterna af barken som vuxit derikring, och då han bortskrapade kådan, syntes åratalet ännu ganska tydligt. Denna Hindrik var brorson till den från orten afvikne och hade sex söner af hvilka Mats Larsson H. flyttade till Södergården. Han hade 19 barn; och flyttade med dem och sin hustru till Finland ungefär 1786; men återvände derifrån efter en tid, dock utan att kunna återvinna sitt hemman, som under den tiden fallit under Brukspatron Geijer på Gustafsfors. Hans brorson Olof Hindrikson H. bor nu på stället. _En Olof Hindrikson H. bror till den som blef prässad till krigstjenst, drunknade i södra ändan af sjön Naijen då han var ditfaren att meta. [_En Jan Anderson Hakkarainen i byn Gårdsjöberget är känd för en stor Björnskytt. Han har redan skjutit öfver 60 Björnar, Och om vintern 1815 nedlade han ej mindre, än femton.] _En Bengt H. i Aspeberget i Dalby, fördrifves från sitt hemman för det han sköt fem elgar. Dess son Matts Bengtsson H. fick tillnamnet Pasu i anledning af en hund benämd Passupp, hvilken han ägde och på hvilken han tidt och ofta kallade hvilket [namn] planterade sig på hans barn. Af dessa lefver ännu en dotter, gift i byn Honkamäki på Gräsmarks finskog, [annars] allmänt känd under namn af Pasu-anni och ansed mycket trollkunnig. _ En Lars Larson H. fr. Afradsberg uptager först Granberget i Malungs Finmark. _ En Lars Olson H. från Naijen uptar först stället Lappmåsen i Remmens [Finnmark] , år 1816.

Denna slägt finnes ännu för det närvarande, boende [förnämligast] i följande byar: _a) å Malungs finskogar, i byarne Afradsberget, Granberget, [Brunberget Östergåskärnsberget och], Lövskogsåsen [**följande är överstruket:** och Nybofjäll (Mattila) _b) å Rämmens Finskogar, i byarna Hakkaraisenmäki (Hakkaraisberget) Vuaahermäki (Stora Lönnhöjden)) m.fl. _c å Äppelbo Sockens finnskogar, i byarne Barktorp och Matila

(Nybofjäll) _d) å Ny Sockens finskogar, i byn Vestra Näsberg, _e) å Dalby Finnskogar i byarne Aspeberget, Uaavila (Aven Mustikkamäki (Storberg) och Höljys_ e)[1] å Gräsmarks Finnskogar i byarne Honkamäki och Höjda. Samt i Norrige_ f) å Trysilds Finskogar i byarna i Napura (Skärfjället), Lutua (Lutnäset) . m.fl. _g) å Aasnäs Finskogar, i byarne Haukamäki (Höksjöberget) och Slättmoen, samt_ h) å Vaaler finskog i byn Norra Graberget. och kanske flerstädes, som vi icke känna.

Fernov kallar denna slägt, sid. 528. Hackran.

Slägtnamnet Hakkarainen förekommer i socknen Kuopio, Puumala, Maaninga, Tuusniemi, Idensalmi, Rautalampi, Nurmis, Kaavi, Pielis, [Kontiolax] och i Petersburg. Hakkarala by finnes i Kuopio och Hakkarila i Nilsiä socken.

6. **Halinen.** [(d.l. smekingen)] En Halinen i från Finland, tros först hafva uptagit byn Ryki (Röjden) i Dalby Finskog. _Nu bebo denna slägt byarne Ryki, neuvola (bjurberget) och Fallet på Dalby skogar; och på Norrska sidan bebo de byarne Fallet och Raatikkala (Rotberget) i Hoffs Finnskogar, samt byn Puro (Ernundsbäcken) i Aasnäs Finnskog.

Annars är det några som i anseende till namnens likhet, hafva trott, att denna slägt borde förenas med den följande. Eller att det [ursprungligen] vore samma slägt, ehuru namnet på olika orter, undergått en förändring [hvilket dock gäller lika litet härom som att tro det [finska] släktnamnet Haloinen voro dermed synonymt.]

Familjenamnet Halinen anträffas i Jockas och; Halila kallas en gård i St. Michel hvarutom i Harjuma by finnes en gård kallad Halisenkallio. Hali är en gård i Pielis, och slägtnamnet Halinen [hvilket] förekomma äfven i Rautalampi och Juga, får ej förvexlas med familjenamnet Haloinen som anträffas äfvensä i Jockas, Idensalmi, Kontiolax, Sordavala, Viborg, Raumi, Kuopio och i Petersburg [gårdar och] byar [med namnet Halula] finnas i Jockas, Kristina, Puumala, Pieximäki, Kuopio, Nilsiä, Rautalampi och Leppävirta.

---

[1] Gottlund har skrivit e istället f.

7. **Haljainen.** [(d.l. varmhjärtade)]. Byn Lehtomäki (Björkberg) å Orsa Finnskog i Österdalarne, skall vara upptagen af en Haljainen, som sagt sig vara kommen "från Savolax i Finland"; men under ett norrskt krig flyttade han bort - man visste ej hvar. [Troligt är att han kommit till Östmarks skogar i Vermland der denna slägt, om hvars ditkomst man är okunnig, förmodas började tränga ut alla andra. En Haljain från byn Gransjön i Östmark var en namkunnig partigångare i norrige, men blef sluteligen af de norrske skjuten i armen. _En Ole Bergelsen Haljainen hemma från Volla å Vingers Finnskog, tjente som Capitaine i Dansk tjenst och bodde på Fyen. Han lefde ännu för 28 år sedan.] För det närvarande bebor denna slägt större delar af Östmarks Finnskogar i Fryksdalen. Nemmeligen i byarne Purala (Rögdoset), Sikala (Södr. Rögdåsen), Puttela (nor. Rögdåsen), Rajapuro (Råbäcken), Rusala (Rosastorp), Nulla (nolla), Hotakkala (Hotaketorpet), martila (Halfvardstorpet), Kaupila (Kapestorpet), Kotamäki (Lill Ränberget), Kivaho (Stenbråten), Karttuisen ohta (Kartberg), Oinola (Östr. Mullkärn), Saunoilla (Vestr. Mullkärn), Männymäki (Tallberg); Millomi (Norra Åskogsberget), Gransjön, Helsjön, nyckelvattenberget, Kaikelaisestorpet, Glekärn, och Björnkärnshöjden. Från dessa skogar hafva den gått öfver till närmaste byar i Norrige. Der den nu finnes i byarne Molldosen och Tvengsberget på Grue Finnskog.

Fernov kallar slägten Halian. loc. sit.

<small>Såsom bevis derpå att äfven detta slägtnamn föreskrifver sig ifrån Finland, torde få anföras att i Jämsä socken ännu förefinnes en gård med namnet Haljala.</small>

8. **Haltuinen.** [(d.l. skyddslingen)] En Hindrik Halt[t]uinen uptager först byn Flatåsen på Ny Sockens Finnskog. Man tror att han varit från Finland. Han ihjälskjuter sin granne Jurmoinen och flyr till Amerika. För det närvarande tyckes denna slägt vara utgången, dock måtte den fordom äfven hafva bott på andra

ställen, hvaraf namnen än äro bibehållna, som t.ex. Halt[t]uislahti, ett torp under byn Ryki på Dalby Finnskog och Halt[t]uisintomta, en numera öde plats vid stranden af sjön Trehörningen i Gräsmarks Finskog, hvilka ställen förmodeligen blifvit uptagne af ättläggar utaf denna stam.
Fernov känner ej släkten.

Namnet Haltuinen återfinner man i socknarna Jockas, Sutkava, Kangasniemi, Rautalampi, St. Michel och i Petersburg. Byar med namnet Haltiula finnes i Sulkava och Kangasniemi. Medlemmar av denna familj omtalas [af Arrelius redan] 1693 bland de till Norra Amerika överflyttade finnar, af hvilka i synnerhet en Måns Hallton omnämnas, såsom hans namn der skrifves.

[Följande är överstruket:
Hammen [(d.l. bullerbasen)] är en bland de Finska slägtnamn Fernov anföra, men hvilka [namn] äro så förvridna och försvenskade att man knappt kan gissa sig till betydelsen. _ Monne kanske Hamuinen eller Hammonen hvilka slägter väl äro "finska", men åtminstone af mig okände här i landet.]

9. **Hamuinen** (d.l. stojaren). Ibland de 114 i Vermland förekommande finska slägtnamn, hvilka Fernow uppräknar sidd. 528, 529 men hvilka äro [så] förvridna och förvrängda (d.v.s. försvenskade) att man knappt kan gissa sig till den rätta bemärkelsen af ett enda _förekommer äfven ett kalladt Hammen (hvilket troligtvis skall beteckna Hamuinen) och hvilken slägt väl är finsk, men numera åtminstone af mig okänd här i landet. Att den dock förr härstädes funnits, skönjes deraf att [bland] de från Sverige redan 1693 till Norra Amerika överflyttade [och af Arrelius uppräknade] finnar och svenskar omnämnes [ibland husbönderna] en benämnd Anders Homman.

Slägtnamnet Hamuinen anträffas i Jockas socken, äfvensom i Sordavala. Byar med namnet Hamula förekomma i Kuopio och Puumala. Annars finnes i Kivinebb äfven ett annat slägtnamn, kalladt Huomainen.[2]

10. [9.] **Hartikainen**. [(d.l. tjurskallen)] Denna slägt skall fordom hafva bott i byn Knappåsen på Finnskogen i Ekshärads Socken men hvarifrån den först ditkom känner man icke. _En Hindrik Andersson H. flyttade derifrån till [Kinoisenmäki] (Öster Näsberget) på Malungs Finskog, annars Knöla kallad, hvarå han skall erhållit Kungabref. _En Hindrik H. som man tror varit från Finland, bosatte sig i byn Flatåsen på Ny Socken finskog, och af honom härstammar denna slägt i alla kringliggande byar. Observeras kan, att de flesta männerne [innom denna slägt] heta Hindrik. _En utgrening häraf kalla[r] sig Eskoisia, - se deras genealogie.

För det närvarande finnes Hartikaiska slägten utbredd i byarna Flatåsen, Monkamäki (Mangslidberget), Konkari (Kärnberg), Rämälä (Degerberget), Karvala (Södr. Viggen) och Öijeberget innom Ny Sockens finnskog, samt uti byarne Neuvola (Bjurberget), Ullila (Lia) och Ryki (Rögden) innom Dalby Finnskog. I byarne Luasku och Monkanranta (Mangstranden) på Fryksände östra Finnskog; samt i byn Löfskogsåsen på Malungs finnskog.

Slägten kallas af Fernov Harken. l.c.

Namnet Hartikainen förekomma i socknarne Jockas, Sulkava, Kangasniemi, Idensalmi, Ilomanto, Nilsiä, [Kontiolax,] Libelits och i Petersburg och Moskva. Byar Hartikkala anträffas i Kristina, Sääkomäki, Hartola, Rantasalmi, Kuopio, Nilsiä och Laitiala.

11 [10] **Hattarainen**. [(d.l. slarfven)] Lars Thomasson Hattarainen från Finland uptager först Öhsjön i Ytter Hogdal Socken i Helsingeland, och fick Kungabref derå år 1624. Vidare

---

[2] Se tillägg med släktnamn.

känner man ej om denna slägt, men förmodeligen finnes den utgrenad på Helsinge Finnskogarne, hvilka i allmänhet äro oss mera obekanta. Fernov kände icke slägten.

Mig veterligen förekommer detta namn numera icke i Finland men att det fordom funnits intygar Ganander sid 9 säger att Hattara var en gammal trollkåna.

12 [11] **Havuinen**. [(d.l. granruskan).] En Christoffer Thomasson [Havuinen] köper år 1691 Brunberg i Malungs Finnskog af Jakob Paulsson Hakkarainen _Tvenne bröder Nils och Christoffer skall hafva öfverkommit från Finland. Den ena af dem har först uptagit byn Kringsberg i Dalby. (Man tror det varit Christopher.) Den andra skall härifrån hafva flyttat till [Nybofjäll i] Malungs finskogar _måhända var det han som kom till Brunberget i hvilken händelse Nils hade quarstannat i Kringsberg. Dessa bröder skola hafva kommit, från "Suomen Turusta" [från Åbo, i Finland] som de yttrat sig; men meningen måtte väl förmodligen varit att de kommit derigenom.

Den gren af slägten som härstammar från Kringsberget, har nu [mera] utspridt sig till byarne Kymölä (Afvundsåsen), Neuvola (Bjurberget) Ullila (Lia) Vilhula (Skrockarberget) Sänkaho (Kinsjön), Skåråhon, Galåsen, Medskogen, Skallbäcken, Kringsberget, Andersstubben och Ryki (Rögden) å Dalby Finnskog; samt innom Ny Socken Finnskog till byn: Monkamäki (Mangslidberget) ; innom Fryksände Finskogar till byarna Björkåsen och Mangen; Samt på Norrska sidan, innom Grue Finskog, i byarne Rottnaberget, Norra Åskskogsberget, Jänsilä (Vestra Liukashaugen) och Pertula (Östra Liukashaugen) .

Det var [nog] underligt, att Fernov ej kände denna talrika finslägt.

Namnet Havuinen anträffas i Kanhajoki kapell af Ilmola socken samt i Rautalampi och Jämsä socknar; Havuinmäki by förekommer i Leipomäki kapell af Gustaf Adolfs socken.

33. [12.] **Hähme** [(d.l. fräsaren).] Denna slägt tyckes helt och hållit tilhöra Norrige, och har förmodeligen varit en af dem, som först flyttade öfver gränsen. Man saknar nu mera all underrättelse hvarest denna slägt först nedsatt sig, eller hvilken som varit dess grundläggare.

För det närvarande finnes den förnämligast boende i byarne Erkomäki (gamla Säterberget), Getkärn, Melldalen och Sojomäki, på Grue Sockens Finskog; samt i byarne Grasberg och Skassdammen å Brandvolds finnskog. Och just invid gränsen på Svenska sidan i torpet Kampiharju (Kampbacken) på Östmarks Finskog.

Fernov kände ej denna slägt.

Äfven detta namn torde icke numera (mig veterligen, förekomma i Finland, men väl Hähminen, (som är ett diminutivum deraf) [och hvilket] förefinnas i Jockas.

34 [13] **Häkkinen.** [(d.l. skranket).]. En Hindrik Thomasson Häkkinen flyr ifrån Finland under ett krig, ankommer med sin bror och son hit på skogarne och uptager först byn Rattsjöberget på Fryksände östra finnskog. Hans bror Sigfrid uptar Oinola (Östr. Mullkärn) på Östmarks Finnskog. Påträngde af Oinoiser flyttade Häkkiska slägten härifrån till Mäkkylä, hvilket ställe de bebygde, men för den frosthaltiga lokalen, öfvergofvo de det och uptogo först Saunoila eller byn Vestra Mullkärn - numera kallad. Hindrik Häkkinen har sjelf varit en bland de största äfventyrare, man vet omtala. Redan i Finland skulle han hafva ombragt ett helt Bröllopslag af Fiender, hvilka han inbränt i en stuga, Förföljd och eftersatt har han genom många öden räddat sig till Sverige. Så t.ex. har han en gång varit nödsakad att simma öfver en elf, med sin lilla son på ryggen, och med sin lobössa i munnen har han sökt hinna andra stranden under det hagel och kulor knattrade omkring honom.

På Rattsjöberg, regerade han som en furste, och var en förskräckelse både för finnar och Svenskar. De sednare gjorde många försök att få honom dädan, men förgäfves, han hade alltid 4 á 5 laddade bössor i beredskap. Det var i synnerhet för sina stora sveder som han var hatad, hvilka svenskarne ville förekomma, men blefvo ej sällan bortskjutsade, då de ville förhindra det. Häkkinen var mycket rik och hade ofta 20, 30 och 50 dagsverkare i sitt arbete, i synnerhet då fråga var om att hugga sveder. Han sålde årligen öfver 100 Tr Råg och var med ett ord sin egen herre. Af dessa hans svedjemarker är ett [beläget] högt up på Dalby Finskog, som efter honom ännu kallas Häkkfallet. Det var den tiden ej ovanligt att äga åverkningar på 4 till 7 mils avstånd. Ett annat lika stort fall ägde han på Östmarks finnskog, som för sin ovanliga storhet äfven bär hans namn, och den by som nu är bygd på det stället, kallas än i dag Häkkfallet. Historien dermed är annars den, att gamla gubben Moilainen, i Runsjön, var på den tiden en af hans närmaste grannar, hvarföre de ock ofta höllo samdryckjo tilsammans. Då de en gång om julen, sålunda varit förtroliga, hade Moilainen i fyllan, nog mycket fröjdat sig öfver sin lycka, att hafva för nästa år hittat ett godt svedjeställe. Och ehuru han var nog försigtig för att uptäcka det för Häkkinen, gissade denne dock af beskrifningen, slutligen till stället; och sände [våren derpå] i god tid 50 karlar att nedfälla skogen. Men dessa råkade der redan Moilains folk, förut stadde i samma förrättning. I stället att utbrista i slagsmål som oftast plägade blifva följden, lät nu Moilains dagsverkare öfvertala sig att gå i Häkkises såld och för hans räkning fällde nu gemensamt ned stora sträckor af skog. Svenskarne som fått hum härom, samlade sig från flere byar, och vandrade till ett stort antal upp till skogen för att köra bort finnarna. Händelsen gjorde att de råkade ankomma till fallet, just middagstiden, då finnarna [för ögonblicket] slutat arbetet, och begifvit sig att spisa middag till ett ställe å andra ändan af fallet. Finnarne hade ej hållit mödan värd att med sig släpa sina yxor fram och åter, utan [hade] quarlemnat dem på stället, fastnaglade i trädstubbarne. Svenskarne som råkade anlända från denna sidan, föllo med ögonen genast på yxorne, hvilka de begynte räckna, och då de kommo till 50_ efter andras utsago till 80, funno de för rådligast att [i största tysthet] vända om, utan att en gång hafva visat sig. Dock skördade icke Häkkinen all den nytta han hade hoppats af denna ofantliga sved. Händelsen hade så fogat, att man vid skogens nedhuggande nalkats till en annan finnes sved, hvilken såsom ganska liten blef omkring huggen, och råkade således blifva midt i Häkkises stora svedje[fall]. Denna sved var endast beräknad för 1/4 tunnas utsäde, och ägdes af finnen Pennainen i Mangen, men var huggen redan året förut, och skulle således denna hösten brännas. Förgäfves låfvade Häkkinen sin granne alla fördelar han kunde [önska sig], och en fyra gånger större sved året derpå, blott han denna gången ville afstå från försöket att bränna sin sved. Men fåfängt, Pennainen kunde ej med liknöidhet se den andras rikedom vara i en ständig förökning, utan antände sin sved, hvaraf följden blef att äfven Häkkises råkade i låga, och brann till största delen, ehuru ganska ofullkomligt. Då Häkkinen såg sin sved stå i ljusan låga, skyndade han dit, och tog med sig endast en liten påse med [fint] salt och sin stora tälgknif. Han fann snart den han sökte, hvilken han fasttog, och med knifven upfläckte köttet på de tjockare och köttfullare ställena kring lår och länder, samt ingnuggade saltet i såren, för att åstadkomma en [så mycket] större plåga. Att hämnas detta gick Pennainen om en höstnatt att upbränna [Häkkinens] spanmålsbod, som äfven den gången hade varit fyld från golfvet tilll taket. Men Häkkinen vaknade om natten af hundens oljud, och då han tittade ut från gluggen (stugufönstret) kunde han i mörkret ej se annat än gnistorne af stålets slintande, under ena knuten af sin boda. Han tog så sakta sin lobössa af väggen och sköt på måfå åt det stället der han hade sett det gnista. Skottet hade träffat, ty pennainen låg utsträckt på marken. i sin blod. Ett brott hvilket H. försonade med en plikt af 100. Rd. _Man skrifver på Häkkises räckning så att han slagit ihjäl ej mindre än halfsjunde karl, som man säger, hvarmed man förstår att han ej varit ensam om den sista. Dock hade detta alt varit i trängande behof, då han sett sig tvungen att frälsa sitt lif genom andras. Till Fryksände kyrka skall han enligt berättelse förärat en kalk af silfver, och en mässhake. Kalken har sedermera blifvit stulen, men messhaken borde finnas quar. Man äger ännu fragmentariska blad af bouptäckningsinstrumentet efter hans död. det är hållit af en Haquin Verme, och dateradt Ratsjöberget d. 29de Martii 1669. Man finner deraf att han blott i silfverkärl, ej ägde mindre än 115 lod uparbeta[d]t silfver, och ägde utom mångfaldig annan egendom, då ännu quar i sin boda 58. Tr Råg, 8. Tr Bjugg, 3. Tr Blandsäds korn, 2. Tr Hampkorn, 2 Tr salt, m.m. [sjelfva detta bouppteckningsinstrument (ehuru defekt) äger jag ännu i förvar, och det in originali.]

Hans son Paul Hindriksson H. skall äfven hafva varit en gast. Han red objuden till ett Svenskt bröllop i Kollerud, skall efter berättelse ridit med sin häst in i bröllopsstugan, samt haft i handen en stor sill med hvilken han svängde sig i folkhopen. Då man ej såg annat än att det blänkte trodde man att det vara hans stora puuko, [(tälgknif)] och många störtade i kull af förskräckelse. Men han blef snart af hela Bröllopslaget angripen och ihjälslagen. Hvarvid man påstår att Prästen stått bakom bordet och lyst med ljuset i handen. Då den gamle fadren, som låg på sitt yttersta, fick denna tidning, hade han blott sagt. Kuin oisin elänä, niin oisin vielä pojan veren perinä [(om jag skulle blifva vid lif, så skulle jag nog hemnas min sons blod)] Gamla Juppo Häkkinen från Saunoila gjorde i sälskap med Heiki Moilainen från Runsjön, en resa upp till Lappmarken för att lära sig trolla. Denna slägt har fordom först upptagit och bebyggt [Häkkhöjden å Mangskogs finnmark.]

För det närvarande bor denna slägt, innom Östmarks Finnskogar, i byarne Häkkfallet, Martila (Halfvardstorp), Sikala (Södra Rögdåset), Puttela (Norra Rögdåsen), Saunoila (Vestr. Mullkärn), Hepomäki (Hästberg), Männymäki (Tallberg), Granberg, Elghalla, Holland, Kaikelainstorpet, Måsahögden, i Sätran under Östmarks gård, och i Mon under Longerud. Samt på Dalby Finnskog i byarna Kringsberget och Neuvola (Bjurbäck) .

27

Att Svenskarne fordom kallat denna slägt för Häck synes t.ex. af det förenämde Bouptäckningsinstrumentet, der det bland annat heter: Längd på thet saligh Hendrich Häck var skyldigh. Äfven Fernov kallar slägten Häcken.

Namnet [Häkkinen] anträffas ännu i socknarne Jockas, Keuru, Siikajoki, Kristina, Piexämäki, Rautalampi, St. Michel , [Eno, Ruskiala,] och i Petersburg; byar med namnet Häkkilä förekomma dessutom i Rautalampi, Piexämäki, Kerimäki och Haukivuori.

35. [14.] **Hämäläinen.** [(d.l. tavastlänningen).] Denna finska famille är af alla den mest vidsträckta och talrikaste, samt öfver de vermländska skogarne så utbredd, att ingen må dermed jämföras, och det äfven, sedan derifrån afgått en hop nya slägtlinier. Johan Jakobsson [H.] från Finland, uptager först Tiskarekärn i Gräsmark, och fick Skattebref derå 1641. _Hans son Jakob Johansson H. flyttade från Tiskarekärn, till Kukkoiserna i Longnäs. Dock af denna härstamma ej många af det namnet. Det var flere med det tillnamnet, som från Finland kommo hit. Ungefär för 200 år sedan, uptog en Sigfrid Hämäläinen byn mustamäki (Svarthultsberg) på Östmarks Finnskog, men Svenskarne fördrefvo honom derifrån och uppbrände gården. Han flyttade först till Hvitkärn, men sedan igen härifrån till en gård hvilken han up[p]tog, och som nu ligger under Longsjöhöiden, men än idag efter honom kallas Sipilä. Denna Sigfrid skulle haft 3 till 4 bröder, af hvilka Johan och Anders uptagit Långsjöhöjden, och Clemens Hvitkärn. En annan gren af samma slägt bodde på Ny Sockens finnskogar, förnämligast i byn Konkari (Kärnberg), man känner ej mera hvarifrån den kommit dit. En fjerde gren af slägten tyckes haft sitt säte på de Norra skogarne, i byarna Hjerpliden och Graabergsmoen, m.fl. samt ännu den femte, hvilken var helt och hållit skild från dessa, bodde i byn Räikälä, på Alfta Sockens Finnskog i Helsingeland, och hvilken torde på de skogar varit mera utbrädd, än man nu känner. _En Paul Hämäläinen från Kärnberget var berycktad som en stor

Partigångare i Norrige, der han ofta utbredt en sådan förskräckelse att man fruktade honom mera än fienden. Och man påstår som en sanning att man i de Norrske körkorne bedt att Herren måtte bevara dem för honom. Han fick allmänt det namnet Konkari, som skulle betyda partigångare. Hela hans slägt fick det [sedermera,] och byn hvarifrån han var hemma, kallas så ännu [i denna dag]. Om honom vore mycket att säga, men vi spare det till en annan gång. Alt nog minnet af hans däld lefver som fee-sagor ibland folket. _En Frans Hämäläin[en] från samma by, har gjort sig odödlig för en bataila som han höll med 6 till 7 bygdebönder på kärret Boranginsuo, hvilka han öfvervant och tog till fånga. Händelsen är för vidlyftig att närmare utredas. _En Olof Mattsson Hämäläinen från byn Hjerpliden på Dalby Finskog var en bland de tolf deputerade som 1823 om sommaren voro inmarcherta till Stockholm för att inför Konung och Ständer framföra Finallmogens begäran. Slägterna Norilainen, Juuselainen [Millominen] och Konkari äro serskildta utgreningar af denna ättestam.

För det närvarande finnes denna slägt i följande byar: nämligen 1) _å Gräsmarks Finnskog, i torpen Nälkälampi (Svultkärn) och Buskarne; _2) å Gunnarskogs Finskog, i byarne Puuvi (Bogen), Pennala (Pennainstorpet), Värälinpeä (Varaldsänden), Skålsjön och Myrman. _3) å Östmarks Finnskogar i byarne Uötilä (Runsjötorp), Eriksberg, Fäbacken, Hvitkärn, Långsjöhöjden, Brunsätra, Mar[t]tila (Halfvardtorp), Sipilä (Gåskärn), Marklätten, Rödberget, Hiiroisenmäki, Sikala (N. Rögdåsen), Häkkfallet, Glekärn, Måshöjden, Björnkärnshöjden, Mon under Långerud. å _4) Fryksände finnskogar, i byarne Södra och Norra Lekvattnet, Karttula (Karttorpet), Longsjöhöjden, [Niipimäki (Örtkärnshöjden), Skalltorpet,] Mörkerud, Snårberget, Brattforsen, _5) å Ny Sockens finnskog, i byarne Konkari (Kärnberget), Rämälä (Degerberget), Karvala (Södra Viggen), Nullamäki, och Palomäki (Igelsjöberget) _6) å Dalby Finnskogar, i byarne Hjerpliden, Monkamäki (under Kringsberget), Kinsjön,

Ruohinmäki, Ryki samt på Norrska sidan _7) i Vingers Finskog, i byarne [följande är överstruket: Kärmemäki (Ormberg), Suutarinsauna (Råholtet)] Ämtilä /Abrahamstorpet, Maengen och Mortenbraaden. _8) å Brandvolds Finnskog i byarne Kärmemäki (Ormberg) Suutarinsauna (Svultkärn), Kajvalampi (Brunkindsberg), Tröslien och Grasberg _9) å Grue Finnskog, i byarne Melldalen, Tvengsberget och Skassberget _10) å Vaaler Finnskog i Graabergsmoen, o.s.v.

Fernov kallar slägten Hammelan l.c.

<small>Detta finska familjenamn anträffas i socknarne Jockas [Jorois], Sulkava, Puumala, Piexämäki, Kangasniemi, Kuopio, Rautalampi, Nilsiä, Ilomanto, Säkkijärvi, Kontiolax. Bynamnet Hämäläis förekommer i socknarne Mäntyharju, Uskela och Jorois.</small>

36 [15.] **Hänninen**. [(d.l. svartmåsen).] En Petter Persson Hänninen uptager först byn Hännilä (Teenskog) å Ferila Sockens Finnskog i Helsingeland. Förmodeligen har denna slägt äfven sträckt sig alt [up]till Medelpads Finnskogar, efter det ännu förekommer en stor sjö i dessa trackter, benämd Hännan, och som deraf tyckes fått sitt namn. Man har en lustig berättelse om en H. som skall hafva bott i Råda socken i Bergslagen. Han skulle en afton, från någon af byarne i granskapet, hemföra en stor barktina, och begaf sig nog sent på hemvägen. Folket i gården nekade honom att om natten färdas hem, af fruktan för de mycket vargar, som denna tiden utbredde förskräckelse i landet. Men han for. Då han kom på Råda isen såg han [redan på långt afstånd liksom en mörk sky, hvilken närmade sig honom] huru en stor hop vargar, sökte uphinna honom [att hinna undfly dem, fann han var omöjligt]. Han spände hastigt ut hästen, och skar upp tömmarne, så de släpade efteråt å marken, liksom andra tarmar. Detta gjorde han för att rädda hästens lif; och Finnarna påstå ännu att ingen varg vågar sig på djuret, då dessa släpa på marken, hvilket det förmodligen måtte anse som ett försåt. Sjelf tog han sin yxa, och stjälpte tinan öfver sig, och öfverlemnade sig

så, mitt på isen, åt sitt öde. Huru många vargar det varit, viste han icke; men det hade varit ett ofanteligt antal, och som han trodde bort på en 50 stycken. De hade arbetat hela natten, för att kunna få honom [fram], och då tinan eller barkkaret var mycket för stort, för att kunna vändas om, sökte de att krafsa sig in under det. Men hvar och en som satt tassen under tinan, drog den ej mera derifrån [tillbaka], ty han stubbade den med yxan; hvarefter den blodige gästen, blef ett rof för sina kamraters [hunger]. På sådant sätt hade han hela natten lefvat ett ängsligt lif, utan att en gång [----] vetat räkning på alla de vargar, han afdragit hanskarne. Då desse ändeligen om morgonen lemnade honom, och han åter tordes titta ut från sin gömma, såg han öfver alt ikring sig en blodig tummelplats, och skall [han] bland andra quarlefvor, räknat ej mindre än elfva stycken vargsvansar, som varit en återstod af dem som den natten fallit ett offer, för en god appetit. Af denna händelse har man gjort ett ordspråk, som ännu lefver ibland finnarna, och lyder: gissä Hänninen syyvään, siin on Hännän häilä ["hvarest Hänninen ätes, der är svansens bröllop"]. Äfven hästen hade räddat sig hem, oskadd.

För det närvarande bor denna slägt i byn Pitkäsuvanto (Långflod) på Dalby norra finnskog, och i några af de närmaste byar i Trysilds Finnskog, på norrska sidan. Samt i byn Syvänmuaa (Mixsjön) och på Orsa Finnskog i Öster-dalarne. Förut har denna slägt äfven bott i byn Lill-Tandsjön.

Fernov känner ej slägten.

Namnet Hänninen förekomm i socknarne Jockas, Kangasniemi, Kuopio, Rautalampi, Laukas, Joensuu, Ilomanto, Kuusamo och Kemijärvi. Bynamnet Hännilä anträffas i Jockas, St. Michel, Kangasniemi, Hiitula, Ryckolax. Slägtnamnet Hännä i Idensalmi torde härmed stå i beröring.

37 [16.] **Härköinen**. [(d.l. stuten).]. En Härköinen skall [enligt] berättelse, först hafva uptagit byn Härkälä (Reserfven) å Ferila Sockens Finnskog i Helsingeland. [Någon af slägten har förmodeligen [äfven] uptagit och bebott, den nämda och lemnade

platsen Härköisen autio (vid Myrgubben) i Fryksände finnskog.]
Vidare om slägten känner man icke. För det närvarande bor den i
byn Makkola (quarnberg) å Orsa Finnskog; i byn [Kivitorpa]
(Stentorp) å Gunnarskogs finnskog; i byn Stensgårds utskog å
Östmarks finnskog, samt å Fryksände Finnskog, i byarne Norra
Lekvattnet och Långsjöhöjden.

Kanske är det denna slägt, som Fernov kallar Harcken, [såvida
han ej härmed vill] beteckna [namnet] Hartikainen.

Namnet Härköinen finner man i Jockas, Sulkava och Puumala socknar,
äfvensom [i] Alavo kapell af Kuustane socken, och i Virdois kapell af Ruovesi
socken, samt _i Petersburg. Namnet Härkänen förekommer deremot i
Uguniemi och Kontiolax. Bynamnet Härkälä i Jockas, Hollola, Somero och
Viktis.

38 [17.] **Hättäräinen**. [(d.l. trashanken).] Af denna slägt finnes
ännu afkomlingar i byarne Nikudalen och Syvämaa (Mixsjön) å
Orsa Finnskog i Öster Dalarne. Föröfrigt vet man ingenting
härom. Måhända är det en möilighet, att denna slägt är den
samma, som i Helsingland kallar sig Hattarainen.

13 [18.] **Heilonen**. [(d.l. omsvängaren).] Denna slägt förekommer
endast [mig veterligen] i byn Kinoisenmäki (Östernäsberget) å
Malungs Finnskog i Vesterdalarne, föröfrigt okänd. _äfven af
Fernov.

Namnet Heiloinen förefinnes i St. Michels socken, der äfven bynamnet Heilola
och Heilankylä förekommer.

14 [19.] **Helsoinen**. [(d.l. blöthjertade).] Denna slägt säger sig
ursprungligen vara kommen i från Jorois socken i Savolax, och
hvaraf afkomlingar ännu finnas i byn Leijen å Säfsens Finnskog i
Vester Dalarne. Af dessa har en vid namn Erik Jansson [H.] fått
binamnet Kettuinen, för det han fångat så mycket Räfvar. En
annan gren af samma slägt finnes å Helsinge skogarna, och

hvilken äfven förskrifver sig från Finland. Byn Björnberg, på Ytter Hogdals Finnskog, skall vara först up[p]tagen af en Helsoinen, som man tror hetat Grels Ersson H. och hvilken skulle varit kommen från Rautalampi i Finland. Han fick sitt kungabref vid pass 1624. hans slägt finnes å dessa skogar ännu.

15 [20.] **Heppuinen**. [(d.l. motsträfvaren).] Man känner ej vidare af denna slägt, än att en stamförvandt deraf först uptagit Heppuisentorpa (Häppestorp) i [Gräs]marks finnskog. Af denna slägt träffas ännu afkomlingar i Puontila (Pyntetorpet) och Norra Lekvattnet i Fryksände socken; i Hvitkärn i Östmarks Socken, och i Suurestorpa (Soranstorp) i Gräsmarks Socken.

Namnet Happoinen förekommer i Nilsiä, Kuopio och _i Petersburg, huruvida det är beslägtadt med namnet Heppuinen, lemna vi derhän.

16 [21.] **Hiiroinen**. [(d.l. mösset).] Förmodeligen har denna slägt uptagit först byarne Hiirola (Lilla Björnmåsen) på Svärdsjö Finskog i Öster Dalarne, Hiiroisen autio, en numera öde plats no[r]r om Salsjön å Gräsmarks Södra Finnskog; samt Hiiroisenmäki (Heransberg) i Östmarks Finnskog. Slägten träffas ännu i byarne Neuvola (Bjurberg), Monkamäki (under Kringsberg) och Riitaho (Kinsjöbärget) å Dalby Finnskog; samt i Nullamäki, under Vaisila [by] i Ny Sockens Finnskog [samt i åtskilliga byar på Svärdsjö och Bollnäs Finnskogar].

Fernov kallar slägten Hirran l.c.

Slägtnamnet Hiiri, som är stamordet till namnet Hiiroinen, förekommer i Pyhäjärvi socken och bynamnet Hiirola påträffas såväl i Laukas som i St. Michels Socken.

17 [22.] **Himainen**. [(d.l. begärelselystne).] Denna slägt tyckes hafva haft sitt ställe i byn Öijeberget å Dalby Finnskog; hvarest en af de äldsta gård[arne] ännu kallas Himala. Drängen Hindrik

Nilsson Himainen från Monkaranta blef 1821 ihjälslagen i Mangen, men i tysthet begrafven, hvarå, [på angifvelse, först] en fiskalisk [undersökning, och sedermera en rättegång derstädes anstäldes] året derpå [jemf. Läsning för finnar sid. 335]. Denna slägt träffas utom i nyssnämnde byar, äfven i byn Kringsberget å Dalby finnskog, samt i Palomäki (Igelsjöberget) å Ny Sockens Finnskog.

Familjenamnet Himainen påträffar man i socknarne Jockas, Kristina, Puumala och St. Michel. Namnet Himmainen i Wederlax och Lauritsala, bynamnet Himala i Jääskis och Himalansaari i Kristina.

18 [23.] **Hokkainen**. [(d.l. pladdraren)] ha[r] förut bott [uti] och förmodeligen äfven först u[p]ptagit Hokkhöjda eller Öfverfjäll i Brunskog, och Hokkala (Hocktorp) å Gräsmarks södra Finskog, hörande under Ulfsby utskog i Sunne socken. Af denna slägt finnes numera ej annestans afkomlingar, än i Pyntetorp å Gräsmarks Finnskog.

Fernov kallar slägten Håcken l.c.

Uti socknarne St. Michel, Kristina, Kangasniemi, Pielisjärvi, Kontiolax och Joensuu anträffas bönder med familjenamnet Hokkainen. Bynamnet Hokkala finnes i Hyrynsalmi och i Karstula kapell af Saarijärvi socken; bynamnet Hokkanen i Virdois kapell af Ruovesi socken; och Hoka samt Hokanniemi i Kangasniemi socken.

19 [24.] **Honkainen**. [(d.l. furuträdet).] En Hindrik Honkainen från Finland skall hafva först up[p]tagit byn Hauna (Hån) i Säfsens Socken i Vester Dalarne [som troligtvis deraf äfven fått sitt namn]. Af hans afkomlingar finnes ännu många å dessa skogar. Byn Hjerpliden i Dalby har redan från längre tider utgjort ett annat stamställe för denna slägt, som derifrån ganska mycket utspridt sig på denna trackt. _En Christjan Jansson H. kommer från Sundsjön i Bergslagen, och bosätter sig i Borangen, utan att likväl veta sig vara i slägt med Hon[k]aiserna i Hjerpliden. _En Jan Sigfridsson H. uptog Fröseråsen, eller Torpa i Säfsen.

Denna slägt träffas nu å Dalby Finnskog, i byarne Kanala (Hjerpliden), Uaavila (Aven), Kymölä (Afvundsåsen), Huuskola (Husketorpet), Kirkkomäki Djurberget, Medskogen, Mörtkärnsberget, Koltorpa?, Kinsjön, Bograngsberget, Skåråhon, _å Aasnäs Finnskog i Norrige, i byarna Norra Vermunden, Mollberget, Öfra Flisstranden, Fallåsen, Kirkkomäki/Djurberget, _å Vaaler finskog, i byarne Södra och Norra Graberget, samt i Quennbacken. Äfven i Trysild fanns 1784 denna slägt kringspridd, och kallades af Smith Honker. Fernov kallar slägten Hongen.

Slägtnamnet Honkainen förekommer i Jockas, St. Michel, Kristina, Kuopio, Manninga, [Nurmis,] Idensalmi, [Kontiolax] och Pielisjärvi socknar, samt i Petersburg [och Helsingfors]. Honkanen i Pihtäpudas, bynamnet Honkala i Kerimäki, Pielisjärvi, Urdiala, Vampula, Tommela, Kuorlam och Saarijärvi.

20 [25.] **Hotakka**. [(d.l. gåpåaren).] Tre bröder hafva hitkommit från Finland med detta namn; af hvilka den första, Danjel Hindrikson H. u[p]ptager byn Örskogen, och den andra Per Hindriksson H. up[p]tager Karjala (Vakerskogen) båda belägna på Järna Sockens Finnskogar i Vesterdalarne. Den tredje, som tros hetat Jakob Hindriksson H. up[p]tog byn Lekeråsen i Gåsborns finnskog i Bergslagen. Kanske är det från dessa trackter som denna slägt sedermera spridt sig åt Norrska gränserna der den finnes _man vet ej hvarifrån. Byn Ärnsjön i Östmark tros [hafva] blifvit u[p]ptagen antingen af en Hotakka eller af en Karhinen. _En Hotakka från Ärnsjön u[p]ptager sedermera byn Hotakkala (Hotaketorp) i Östmark _En annan Hotakka i Ärnsjön begår ett mord, och rymmer öfver till Norrige. Denna slägt träffas numera i byarna; Rantaho (Strandbråten) å Fryksände Finnskog, Flatåsen i Ny Sockens Finskog, och Sparkberg å Östmarks finnskog. Samt på norrska sidan i byarna Jaakola (Måsevattnet), Ronkaistentorpa (Runketorpet) och Vemo (Fenmoen) å Finnskogarne i Brandvolds socken.

Fern. skrifver namnet Håtack.

Familjenamnet Hotakka anträffas i socknarne Jockas, Kristina, Viitasaari, Sulkava, Wiborg, och i Kivijärvi kapell samt _i Petersburg; Slägtnamnet Hotakkainen deremot i Piexämäki. I Molans socken förekommer en gästgivaregård med namnet Hotakka.

21 [26.] **Huinari**. [(d.l. kringstökaren).] Afkomlingar af denna slägt finnas ännu i byn Tyngsjön på Malungs Finskog.

22 [28.] **Hujuinen**. [(d.l. skrikhalsen).] Förmodeligen har denna slägt först uptagit eller bebott byn Hujula (Hujåtörpet) i Aasnäs finskog. Slägten är nu så gått som utgången, blott i byn Halkoijen i Aasnäs finnes, deraf ännu en quarlefva.

Slägtnamnet Hujainen (icke Hujuinen) anträffar man i Kristina, Puumala, Kuopio, Idensalmi, Nilsiä och Maaninga socknar; bynamnet Hujala i Karstula och Padasjoki.

23 [27.] **Huiskainen**. [(d.l. bullerbasen).] En Huiskainen skall hafva u[p]ptagit byn Huiskala (Södra Los) i Färila finskog i Helsingeland. Af slägten finns ännu ättlingar quar i byn Hyvölä (Ryggskog) på samma Finnskog.

Huiskainen, 2 gårdar i Koittila by Kangasniemi.

Namnet Huiskainen påträffas i Jockas och i Kangasniemi socken, der tvenne gårdar i Koittila by äfven bära detta namn.

24 [29.] **Hulvoinen**. [(d.l. pratmakaren).] Förmodeligen har denna slägt uptagit och först bebott byarne Hulvola (Finnbyn) i Svärdsjö finskog i Dalarna, och Hulvola (Gammelboningarna) i Uggelbo Sockens Finskog i Gestrikeland.

Detta namn har jag icke funnit i Finland, men väl Huli i Valkiasaari, och Hulkoinen, i Jockas, Sulkava, Puumala, Piexämäki, Rautalampi, Impilax, och Wiborg; bynamnet Hulkola anträffas i Kuopio socken.

25 [30.] **Humsilainen** [(d.l. fnuskaren?)] Af denna slägt finnes numera ej spår annorstädes än i byn Puuvi (Bogen) å Gunnarskogs finnskog. Men då ett så beskaffadt slägtnamn icke förefinnes i Finland, gissa vi att, det tillkommit i Sverige, och ursprungligen betecknade en som var hemma från Humsjön, å Gräsmarks [eller uti å Gunnarskogs] Finnskog. Ett tredje [Humsjön finnes ännu å Mangskogs finnskog.]

26 [31.] **Huotari**. [(d.l. glänsaren)] En Erik Huotari, skulle först hafva köpt Långkärn af de Svenske Bönderne i Tåsseberg. Han hade flytt från Finland vid pass 1604. Se Linderholms dissert. [De fennonibus vermlandiae p. 8.] [Han säger Ericus Hottari Vermelandiam peliit, finlandia ab hostibues uastala, ursa a. 1604. Emil Lånkärn du rusticis ad Tåsseberg; ex narratiuno Henrici Henr. in Rösebacken, nat. 1709.] _En af slägten har uptagit torpet Huotari (Hotaistorp) under Axla i Gunnarskog, hvilken förut bott som inhysning i Långkärn. För det närvarande träffas samma slägt ännu i byn Norra Lekvattnet å Fryksände Finskog, samt i byn Rusala (Rosastorp) å Östmarks Finskog.

Slägtnamnet Huotari finnes i Libelits, St. Michel och Ilomanta; samt Huoturi i Kuhmo kapell af Satkamo socken.

27 [32.] **Hurrinen**. [(d.l. tordmulen).] Hustrun Kari Persdotter Hurrinen, gift med bonden Halvor Larsen Lehmoinen i byn Harmoamäki (Gråberg) å Hoffs Finnskog i Norrige, är den sista man numera känner af detta namnet.

Slägtnamnet Hurrinen anträffas i Sulkava socken, och namnet Hurri i St. Michel, Kides, Kangasniemi och Impilax socknar.

28 [33.] **Huuskoinen**. [(d.l. slösaren).] En Olof Staffansson Huuskainen kommer först till Dalby Finskog, och nedsätter sig der; om han var ifrån Finland eller från andra aflägsna skogar,

känner man icke. Han upptog först byn Bringsåsen. Sedan flyttade han bort derifrån och upptog Torpvallen invid Rangen. Men för frostländighet öfvergaf han äfven detta ställe, och u[p]ptog Huuskola (Husketorp) på andra sidan om sjön. _Hans sonson en Per Jonson H. ifrån Huuskola, af de Svenske allmänt kallad Huske-Per, var en beryktad Björnskytt. Han hade tagit lifvet af 67 Björnar och 11 Elgar, utom en hop andra villdjur. Han lefde ännu 1821. [ehuru numera i yttersta fattigdom och såsom öfvergifven af alla] var [han] då [en] 89 års gammal gubbe. [Han var född 1733 den 38 [sic!] maj, och dog vid 91 års ålder om sommaren 1824. Tvenne gånger gift, var han fader för 12 barn, [hälften gossar och hälften flickor, nemligen] 6 med den första och 6 med den sednare hustrun [hvilken dog redan den 16 januari 1804.] Medelst en framställning härom [först till Kongl. Patriotiska sällskapet i Stockholm af den 26 september 1822 och sedan [likaså medelst en skrifvelse] till Kongl. vermländska Hushållningssällkapet i oktober samma år, sökte jag rekommendera honom till en välförtjent belöning eller] utverka en lifstidspension åt den gamle. Härom nämner Kyrkoherden i Ny hvilken såsom pastor i församlingen Hushållningssällskapet kommunicerat med. [Min skrifvelse i ett bref till mig [sic!],:af den 24 mars 1824. bland annat. "Jag glömmer aldrig tillfället då jag, i Dalby socknestuga uppläste in extenso Tituli skrift till Hushållningssällskapet, angående belöning för den åldrige Pekka Huuskainen. Allas känslor voro omvexlande mellan löje och tårar. Löje öfver det ridicula angående jägmästeriet _tårar öfver det rörande angående Pekka: hvilken kramande sin staf, giöt tacksamhetens tårar öfver denne enda vännen, som icke öfvergifvit honom (sublimt! skönt!) Allt föll i god jord för jägmästeriet, skada att ingen var på stället (dock tror jag att sjelfva hofmästaren deri fick se skriften). Emellertid fick gubben sin belöning, väl icke svarande emot hans förtjenst men tillräcklig för hans lifslängd - endast 13 rd. 16 sk. Bco. Han lefde icke mer än några veckor derefter, och hann visst icke förtära helften deraf.]]

Slägten finnes dessutom i byarna Kymölä (Afvundåsen) och Bringsåsen på Dalby Finnskog samt i byn Kilpola (Svartvad) på Vaaler finnskog i Norrige. Fernov kallar denna slägt Husken.

Bondfamiljer med namnet Huuskainen anträffas i Jockas, Kuopio, Maaninga och Rautalampi socknar, samt Huuskoinen i Pihtipudas; bynamnet Huuskola anträffas i Sotkamo socken, mfl.

29 [34.] **Hynninen.** [(d.l. slöjbestärkta?).] Christoffer Staffanson Hynninen ifrån Finland, u[p]ptager byn Hynnilä (Spaksjön) å Svärdsjö finskog i Österdalarne. Han skall varit hemma från Rautalampi. _Denna slägt har fordom äfven bott i byn Mangen å Gräsmarks södra Finnskog, hvarifrån en Johan Erikson H. flyttat upp till byn Lehtomäki (Björkberg) å Orsa Finnskog i Dalarna. Denna slägt lärer nu fönämligast vara utspridd på Svärdsjö skogar. Sjön Hyn i Vermland har kanske sitt namn af denna Finnslägt.

Bönder, med familjenamnet Hynninen, påträffas i [överstruket: socknarne] Jockas, Jorois, Kristina, Kuopio, Leppävirta, Idensalmi, Nilsiä, Libelits, Viborg, Kirvus [och] Kihtelysvaara socknar, samt _i Petersburg, äfvensom i Slavanka i Ingermanland; bynamnet Hynnilä förekommer i Jorois och Kuortane socknar.

30 [35.] **Hyvöinen.** [(d.l. den godsinta).] En Erik Jakobson H. som tros varit från Finland, skall hafva u[p]ptagit byn Sandsjön på Orsa finnskog. En annan af samma slägt har förmodligen u[p]ptagit byn Hyvölä (Ryggskog) i Ferila Finskog i Helsingeland.

Namnet Hyvöinen igenfinnes i socknarne Jockas, St. Michel, Sulkava, Idensalmi, Kides, Pielis, Rautalampi, Lääminga, Nilsiä, Pulkkila, Kiuruvesi, Siikajoki, Sordavala och Rovaniemi, samt _i Petersburg; bynamnet Hyvölä, i Nurmis, Sordavala och St. Michel, samt Hyvöläranta, i Piippula socken.

31 [36.] **Hyyryläinen**. [(d.l. hyresgästen).] Af denna slägt känner man ej vidare än att afkomlingar af den samma ännu bo i byarna Flaten och Flatberget å Nås Sockens Finskog i Vester Dalarna.

Slägtnamnet Hyyryläinen förekommer i Kristina och St. Michel socken, samt _i Petersburg; bynamnet Hyyrylä i St. Michel och Kangasniemi; Hyrylä i Mändyharju.

32 [37.] **Hyytiäinen**. [(d.l. rimfrusne).] Denna slägt har förmodeligen först up[p]tagit byn Hyytialä (Hytianstorpet) å Grue Finskog. För det närvarande finnes slägten ännu i byarna (Våhlberget) Murtomäki å Fryksände östra Finnskog, Skallbäcken och Skåråhon å Dalby Finnskog, samt Mikkola (Storberget) å Grue finnskog i Norrige. Förmodeligen är det denna slägt som Fernov menar, då han skrifver Hyttjen, så vida det ej skall betyda Hyttiäinen, hvilken slägt likväl torde vara okänd på dessa skogar.

Familjer, med namnet Hyytiäinen påträffas i Jockas, St. Michel, Piexämäki, Heinäjoki [Mola] och Äyräpää socknar. Hyytiä i Kivinebb, och i Petersburg; bynamnet Hyytiälä i Soarijärvi, och Hyyti är ett hemman i Kuumo socken.

39 [33.] **Ikoinen**. [(d.l. till åren komna).] En Erik Ikoinen, en gammal Finne, som [skall hafva] lefvat i 120 år, bygger sig upp en bastu vid Borrsjö kullen, men som han tyckte att Svenskarne voro honom nog [n]ära flyttade han till Långkärn i Gräsmark, hvilken by han först up[p]tagit, och hos hvilken man trott att Huotari bott som inhysning. _Sonen Matts I. stannade quar, men en af de andra, flyttade till Mangen, och bosatte sig vid Pöntöisen autio. _En Matts Mattsson I. flyttade från Långkärn, och up[p]tog [byn] Södra Ängen å Gräsmarks södra Finnskog. Han köfte stället af en fru Christina Plenningsköld år 1671, och af honom härstammar alt folket i denna by. Denna slägt har förut äfven bott i Palotorp[p]a (Ulfsjön) å Gräsmarks Finnskog, samt bor ännu derstädes i byarne: Södra och Norra Ängen, Borrsjön, Tiskarekärn, Mangen, Tasala (Söderlia), Vasikan aho (Kalfhöida),

Långkärn och Mariastorp; samt å Fryksände finnskog, i Norra Lekvattnet, och i byn Ärnsjön å Östmarks finnskog. Fernov skrifver namnet Hickon l.c.

Det finska slägtnamnet Ikoinen förekommer i Jockas, St. Michel, Sulkava, Puumala, Heinävesi, Piexämäki, Kangasniemi, Rautalampi, Tohmajärvi, Kontiolax, Ilomanta och Liisilä socknar, samt i Fredrikshamn och _i Petersburg; bynamnet Ikula träffas i Kuurtane, Limingo, Puumala och Kangasniemi socknar, samt Törnävä kapell och i Liivomäki kap. af Gust. Adolfs socken, Ikala i Urdiala och Ikolanniemi i Pielis socken.

40 [39.] **Jamsilainen.** [(d.l. ihopsamlaren).] Denna slägt bor i byn Tarvala (Kölsjön) å Hassela Sockens Finnskog i Helsingeland, och finnes förmodeligen äfven i de närmast belägne Finnbyar. Denna slägt har troligtvis [äfven] först upptagit gården Jamsila eller Kaxila, som den äfven kallas, i nyssnämde by. Måhända bör kanske denna slägt förenas med slägten no 44.

44 [40.] **Jämsäläinen.** [(d.l. Jämsäboen eller ordsolkaren?)]. Anders Mårtenson [Jämsiläinen] hemma, som man hört sägas, ifrån Jämsä Socken i Finland, har först upptagit byn Jämsä (Rosentorp) å Orsa Finnskog i Österdalarna, hvilken han gifvit samma namn som Socknen hvarifrån han var hemma. Hans kungabref är dateradt L. Kopparberget d. 22 martii 1627. _Hans efterkommande bebo ännu denna by, och besynnerligt [nog] är, att Finskan härstädes tyckes vara [litet] olika den som talas i de andra kringbelägne byarne. _En Berger Olsen Jämsäinen bor på Knodderud i Vaaler socken.

I Rautalampi socken förekommer det finska bondenamnet Jämsäinen och namnet Jämsä _i Petersburg. Utom Jämsä socken, förekommer bynamnet Jämsä i Piexämäki och i Haapajärvi kapell af Kalajoki socken.

41. **Juntinen,** [(d.l. tungfotade)] denna slägt har fordom bott i byn Mörtnäset å Karlanda Sockens Finnskog i Nordmarks härad

41

af Vermland. _Nu mera känner man ej flere med det namnet, än Hustrun Lisa Ersdr J. i byn Konkari (Kärnberget) i Ny Sockens Finnskog, och pigan Lisa Andersdotter J. i [byn] Flatåsen å samma finnskog. Denna slägt torde således med det första slockna ut.

Slägtnamnet Juntuinen förefinnes i Idensalmi, Rautalampi, Pelyjärvi, Taipalsaari och Ruokolax socknar, samt _i Petersburg; Juntonen i Sotkamu Sn. bynamnet Juntila i Lohteä, Pielisjärvi, och Temmes kapell af Limingo socken; Junttola i Pulkkila och Juntula i Juuga socken.

42. **Jurmoinen**. [(d.l. brådstuparen).] Denna slägt skall efter gammal sägen, härstamma från Nurmjärvi (förmodl. socknen Nurmjärvi) i Finland. Den bebor byarna Laitiala (Bjurbäck) Poavola och Purna å Mangskogs Sockens finskog i Vermland. _En Paul Israelsson J. fr. Laitila uptog först Poavola (Pålstorp) . En Jurmoinen som nedsatt sig i Flatåsen, blef der ihjälskjuten af en Haltuinen.

Ett så benämndt slägtnamn förekommer, mig veterligen, icke i Finland, men väl namnen Juruinen t.ex. i Kangasniemi, Jurvainen i Varkaus, och Jurvonen i Rantasalmi.

43. **Jurtinen**. [(d.l. kålroten? d.l. surmulne).] Afkomlingar af denna slägt bo i byn Höjda, å Gräsmarks Finnskog.

Äfven ett så beskaffadt slägtnamn känner jag icke i Finland; men väl namnet Juutinen, som anträffas i Sulkava, Idensalmi, Nilsiä och Nurmis.

44. **Juuselainen**. [(d.l. af Josefs slägt).] Denna slägt är en utgrening af Hämäläinska ättestammen, och härstammar från gården Jänsenmäki i Norra Lekvattnet, af en Joseph Hämäläin, hvars barn, i anledning häraf, fingo namnet Juusoloita. Häraf finnes numera afkomlingar i byarne. norra Lekvattnet, Kartula (Karttorp), Stensgårds utskog, och Härköisen autio

[(Myrgubben)] å Fryksände finskog; samt i Fäbacken och Hvitkärn å Östmarks Finnskog.

45. **Kahilainen**. [(d.l. vassen, d.l. prasslaren).] Kahilaistomta å Gunnarskogs finnskog torde förmodeligen vara upptagen af denna slägt, som ännu träffas i byarne: Bogen å Gunnarskog; samt i byn Laitiala (Bjurbäck) och Raggfors eller lilltjärnstorp å Mangskogs finnskog, å hvilket sistnämde ställe gamla gubben Matts K. är ansedd för en stor trollkarl. _Samma slägt bor äfven i Koakolampi (Långkärnstorp) å Gräsmarks finnskog.

Fernov kallar släkten Kajlan l.c. Smith benämner [den] deremot Kakelaner såvida han icke härmed afser slägten n:o 46, hvilket nästan synes troligare.

Man anträffar i Finland slägtnamnet Kahilainen i Pihtipudas [socken] och i Jokkis kapell af Tammela socken; bynamnet Kahila förekommer i Kurikka kapell af Ilmola socken, och i Wirdois kapell af Ruovesi socken, samt Kahilanmäki i Kangasniemi socken.

46. **Kaikkalainen**. [(d.l. genljudarn).] Denna slägt har upptagit byn Kaikkala (Kaikelainstorpet) å Östmarks Finnskog, [och] bor ännu i Sikala (Södr. Rögdåsen) å samma skog; samt i byarne Märrbacken och Dalkarlstorp å Fryksände finnskog.

Fernov kallar slägten Kaikelan. Troligen är det samma slägt som Smith kallar Kakelaner och som 1784 fanns bosatt i Trysild socken i Norrige.

47. **Kai[k]koinen**. [(d.l. ropundflyende).] Af denna slägt känner man icke mer [än] att en Kaikoinen fordom bott på Blomila gård i byn Hynnilä (Spaksjön) å Svärdsjö finskog, i Österdalen.

Slägten Kaikkonen finnes i Kristina, Nurmis, Idensalmi och Kexholm; hvaremot slägten Kaikko förekommer i Petersburg; byar med namnet Kaikkola i Sysmä och St. Michel.

48. **Kaipainen.** [(d.l. klagaren).] Alt hvad man känner om denna slägt är blott att en Jakob Kaipainen, hvilken bott i Laitiala (Bjurbäck) å Mangskogs Finskog, var fordom berycktad för en stor trollkarl.

Namnet Kaipainen anträffas i Jockas, Puumala, Kuopio, Nilsiä, Rautalampi, Ruskiala, Viborg, och_ i Petersburgv; hvaremot namnet Kaipiainen förekommer i Jockas och i Jorois, byar med namnet Kaipala i Sulkava och Puumala, samt Kaipola i Jämsä.

49. **Kalainen,** [(d.l. fisksmulan).] Äfven denna slägt torde snart få räknas till de utgångne, deraf finnes blott en afkomling, nämligen Torparen Per Olson K. i Monkamäki torp under byn Kringsberget i Dalby finnskog, samt en annan dito inhysningen Elias Olson K. i byn Skallbäck å samma finnskog.

Något så beskaffadt tillnamn känner jag icke i Finland; men väl förekommer namn, sådane som t.ex. Kalamies i Kristina socken, Kallinen i Jockas, Kalloinen i Pyhäjärvi socken o.s.v.

50. **Kalari** [(d.l. fiskaren).] denna slägt torde ännu finnas på Helsinge och Medelpads finnskogar, der byn Kalari (furuberget) [å Bjursåkers Finnskog i Helsingeland] förmodeligen torde vara upptagen af densamma. Kanske är det denna slägt som på något ställe i de södre finskogarne är af de Svenske känd under namn af Kolari, som t.ex. i byn Mangen i Gräsmarks finnskog.

Namnet Kolari anträffas i Kuopio, Tuusniemi och Muonioniska socknar.

51. **Kalikkainen.** [(d.l. käflingen).] Man känner ej vidare, än att förmodeligen denna slägt först uptagit byn Kalikkaisåsen å Remmens finnskog.

52. **Kalvoinen.** [(d.l. hinnaktiga).] En Kalvoinen som kommit från Finland, skall först hafva uptagit Kalvola by å Alfta Sockens

finnskog i Helsingeland. Mera om denna slägt har man sig icke bekant.

Kalvola socken, i Åbo stift tyckes härleda sitt namn från slägtnamnet Kalvonen, hvilket numera icke torde förekomma i Finland.

53. **Kammoinen.** [(d.l. förfäraren)] Denna slägt har om icke upptagit dock förmodeligen bott i byn Kammoisenmäki (Kamesmäk) å Gräsmarks Finskog, som deraf tyckes fått sitt namn. Nu mera [torde] slägten vara utödd; men måste [ännu hafva] funnits år 1770, efter Fernov kände den, under namn af Kammes.

Namnet Kammoinen anträffas i socknarne Jockas, St. Michel, Sulkava, Nurmis, Sordavala, Impilax och Jaakimvaara samt _i Petersburg. Kammola by anträffas i Sulkava.

54. **Kanainen.** [(d.l. tippan).] Denna slägt har haft sitt stamställe i den delen af byn Hjerpliden, som ännu kallas Kanala. Härifrån har den utspridt sig till en hop byar i grannskapet. Den träffas [nu] i byarna: Kanala (som är af den samma upptagen) Dyypinkankas (Dypåsen), Sälärmäki (Sätterberget), Murtomäki (Wåhlberg), Neuvola (Bjurberg), Höljyxenmäki (Uggelheden), Pitkäsuvanto (Långflod), Tutperi (Tokärnsberg) och Galåsen å Dalby Finnskog; samt i byarne: Mollberg, Fallåsen och Kirkkomäki (Djurberg) i Aasnäs Finnskog.

Detta slägtnamn anträffas hos oss i socknarne Kuopio, Rautalampi, Idensalmi, Kontiolax, [Pielavesi, Kiuruvesi] och Pihtipudas. Kanala är namnet på en gård i Nurmis socken.

55. **Kansainen.** [(d.l. medföljaren).] Denna slägt har fordom bott på Säfsens skogar i Vester-dalarne, och hvarest en Lars Kansainen hemma från [byn] Sikala (Quarnberg) gått till döden, för ett mord som han begått på en af sina grannar. Dock måste

45

denna slägt äfven funnits på de södra skogarna emot Norrska gränsen, der en hustru benämnd Kari Nilsdotter Kansainen ännu lefver, hvilken är gift med bonden Danjel Erikson Karvainen i byn Mulikkala å Grue Finnskog i Norrige.

I Leppävirta och Karttula socknar förekommer slägtnamnet Kansainen.

5. **Karhinen**. [(d.l. harfven).] En Karhinen eller Hotakka skall först hafva upptagit byn Ärnsjön i Östmarks Finnskog [hwarå skattebrefvet är dateradt d. 1a junii 1652]. _En Johan Karhinen från Mangen i Fryksände, skall kändt det äfventyret, att då han en vår, jämte tvenne andra finnar, var utgången på Björnjagt, och länge förgäfves sökt ett hide, hvilket han visste att borde finnas i grannskapet, och skulle stiga på skaten af ett kullstj[e]lpt träd, då i och med det samma Björnen springer upp under fötterna på honom. Han hade varit nog resolverad att kasta sig på ryggen af Björnen, och hade sålunda ridit ett långt stycke, hållande honom fatt ifrån öronen, då en af hans kamrater - lika djerf, med ett välriktat skott sträckte djuret till marken, med en kula genom hjertat. Detta hade tilldragit sig på Burbergsbacken ungefär för 28 år sedan. Dessa jägare hade samma dag äfven skjutit en Elg. _En Thomas Andersson Karhinen ifrån Hyytiälä by på Grue finnskog, var en ibland den deputation som 1823 om våren mar[s]cherade till Stockholm.

För det närvarande; träffar man denna slägt i byarne Hotakkala (Hotaketorp), Sikala (Södr. Rögdåsen) och Hepomäki (Hästberget) å Östmarks Finnskog, samt i byn Kankas (Dragonmoen) i Vingers finnskog, och i Ryönä (Tröen) å Brandvolds finnskog. Samt å Grue finnskog i byarne: Solien, Mikkola (Storberget), Hyytiälä (Hytjanstorpet) och Furuberget.

Fernov kallar slägten Karjan l.c.

Slägtnamnet Karhinen anträffas ej blott i Kides, utan äfven i Kristina socken der också en by förekommer med namnet Karhila och en annan benämnd Karhilantaipale, en såbenämnd förefinnes äfven i Heinävesi socken.

57. **Karjalainen.** [(d.l. karelaren)] En Philip Larsson Karjalainen från Karelen i Finland, upptager först byn Karjala (Laggåsen) i Gustava Sockens Finnskog. Sedan han länge tjenat hans högstsalig Majt Konung Carl d. IXde såsom stalldräng, och i anledning hvaraf han berättas ännu i lång tid gått med silfverknappar i råcken. Hans kungabref är dateradt år 1613. Då sedan Konung Carl d. XI- vid en resa genom landet, passerade natten på Ekshärads pr[e]stgård, så skall han som ett bevis på den tacksamhet hvarmed han upfattat Pastorns och dess frus förekommande artighet, skänkt dem för evärderliga tider intraelierna af förenämde finhemman, som i anledning häraf änn i dag betalar och skattar till Ekshärad pr[e]stegård, med [hvilken lägenhet] vid [en] sednare j[e]mkning mellan pastoraterne, blifvit anslagen under Ny sockens Prästegård. Hela byn består af ännu af hans efterkommanden, och blef år 1815 ganska strängt beskattad af Jägeristaten (Se Mnemosyne 1821 p. 287) _Någon annan af samma slägt har förmodeligen upptagit byn Karjala (Vakerskogen) å Järna Sockens Finnskog, efter hvad som namnet tyckes visa. _För ungefär 100 år sedan skall åter en med det namnet Karjalainen, kommit öfver ifrån Finland, i sällskap med en hop andra Landsm[ä]n, de hade egenteligen varit ett slags kringvandrande tiggare, hemma ifrån trakten af Torneå, och nedsatt sig på Svärdsjö och Alfta skogar, bland de härstädes boende finnar. Karjalainen bosatte sig i Räihälä by på Alfta Finnskog, förfrös af sig under en frieri-resa både händer och fötter, samt drunknade slutligen i Kivijärvi sjö för ungefär 90 år sedan. _En Abraham Abrahamson K. upptager först byn Tyngsjön å Malungs finnskog _För det närvarande bor denna slägt i byn Karjala (Laggåsen) i Gustava Socken, och måhända något annorstädes i kringliggande trackter.

Fernov kallar [troligen denna, liksom den föregående] slägten Karjan l.c. och förmodeligen är det samma slägt han längre fram benämner Kyrialai.

Det finska familjenamnet Karjalainen förekommer i socknarne Jockas, St. Michel, Piexämäki, Kangasniemi, Idensalmi, Tohmajärvi, Juuga, Sutkamo, Hirvensalmi, Sortavala; Kurkijoki och Parikkala, samt i Helsingfors och_ i Petersburg. Dessutom finnes namnet Karjainen i Idensalmi och Karjunen i Jorois. Byar med namnet Karjala i Piexämäki och Pielavesi.

58. **Karpinen** eller **Karpi** [(d.l. den osnygge).] som denna slägt ock kallas har från äldre tider sedan funnits och finnes ännu i Hamra by å Orsa Finnskog i Öster Dalarne. _Kanske var den af Svenskarne så kallade Skarp Johan i Medskog å Dalby Finnskog, af samma slägt.

Folk med namnet Karppinen träffas i Sulkava, Pumala, Leppävirta, Nilsiä och Idensalmi; Kavi och Juga socknar; Karppila by i Urdiala, och Karppila gård i Karttula och Heinävesi socknar.

59. **Karttuinen**. [(d.l. käflingen).] Denna slägt har af de Svenske allmänt blifvit kallade för Kart-slägtet och ha[r] upptagit Karttula (Karttorpen) å Fryksände Finnskog år 1773. Äfvensom [torpet] Kartuisen ohta [(Kartberg)] å Östmarks Finnskog, och det numera öde stället Kar[t]tuisen aho (Ka[r]ttbråten) å Vingers finnskog, och likaså [förmodeligen] byn Karterud i Eidskog. Hvarest slägten annars haft sitt egentliga stamställe vet man icke. Den träffas för det närvarande förnämligast i byarne Mustamäki (Svarthultsberg) [och] Sorkalampi (Sorkkärn) å Östmarks skog, i Myllylä (Quarntorp), Kart[t]ula (Kartetorp), Norra Lekvattnet och Stensgårds utskog å Fryxände skog, samt i byarne Salsjön [och] Luskala (Lusketorp) å Gräsmarks skog, samt å Gunnarskogs Finnskog i byn Bogen.

Fernov kallar slägten Karten.

Familjenamnet Karttuinen förefinnes i socknarne Jorois, Juga, Kexholm, Kides, Libelits, Kontiolax och Temmes samt _i Petersburg; Dessutom heter ett under Kuopio socken lydande kapell Karttula.

60. **Karvainen.** [(d.l. bittra).] En Hindrik Karvainen köper gården Södra Viggen i Ny Socken af en Matts Pöntinen, och hvaraf byn sedan på Finska efter honom kallades Karvala. Men hvarifrån denna Karvainen härstammat, vet man icke. Nu finnes denna slägt kring spridd i byarna Sikala (Södr. Rögdåsen) och Puttela (Norra Rögdåsen) i Östmarks finnskog; i Karvala, Heinaho, Paalala (Tysktorp) och Veliaho i Ny Sockens Finnskog; i Öijern å Brandvolds Finnskog, i Viikero å Vingers Finnskog, och i Räfhultet Koarlola (Carlstorpet), Räisälä (Löfhaugen) och Helkamäki (Helgeberget) å Grue Sockens Finnskog.

Tillnamnet Karvainen anträffas i Jockas, Leppävirta, Kuopio, Idensalmi [Tohmajärvi]; Viborg, och i Liisilä i Ingermanland, och Karvonen i Kivinebb och Slavanka samt Karvinen i Puumala, Kontiolax, Pelyjärvi, Sordavala, och_ i Petersburg; Bynamnet Karvala i Lappajärvi och Karvola i Rantasalmi och Kerimäki.

61. **Kasakka.** [(medhjelpare)] En Per Sigfridsson Kasakka från finland upptager först byn Kasakka (Quarnberg) å Voxna finnskog i Helsingland, hans [Kunga]bref är dateradt 1618. Såväl i denna by som i byn Lehtomäki (Björkberg) å Orsa Finnskog; samt flerstädes i granskapet finnes slägten, för det närvarande.

62. **Kaupinen.** [(d.l. köpslagaren)] Denna slägt skall först hafva upptagit [byn] Kaupila (Kapestorpet) i Östmark. _En Per Kaupinen ifrån Kaupila upptar först år 1743 Skalla (Skalltorpet) i Fryksände. _En Sigfrid Kaupinen upptager först byn Grasberg i Brandvold. Nu finnes denna slägt boende i byarne Norra Lekvattnet, Långsjöhöjden och Lehtomäki Löfhöjden, samt i byn Skassdammen å Fryksände finnskog.

Fernov skrifver Kaupin.

Namnet Kaupoinen förekommer i Jockas men Kauppinen i Kristina, St. Michel, Kuopio, Idensalmi, Rautalampi, Nilsiä, Pihtipudas, Räisälä, Ruskiala, Virolahti, Koivisto, Hoapavesi och Björneborg; Byar med namnet Kauppila finnas i Puumala, Kangasniemi, Tuulois kpl., Hollola och Yli Härmä, och Kauppilamäki by i Leppävirta.

63. **Kaupoinen** eller **Kaupuinen**. [(d.l. Krämaren).] Afkomlingar af denna slägt finnes boende i byarna Löfkullen och Flaten å Nås Finnskog i Vester Dalarne. Måhända är denna slägt den samma som den föregående.

Väl förekommer tillnamnet Kaupoinen, så vidt jag vet, endast i Jockas socken, men jag tror att härmed egenteligen torde förstås slägtnamnet Kauppinen, som förekommer i flere socknar.

64. **Kauttoinen**. [(d.l. bortslarfvaren).] En Lars Kaut[t]oinen [ifrån Finland] rymmer undan för Ryssarne, under krigstider, och blef krono smed i Örebro, men rymde efter ett år äfven derifrån till Elfdalen, var öfveralt efterlyst. Efter att hava tjent der någon tid hos finnarne derstädes, upptog han först byn Ragvaldskärn å Gräsmarks Finnskog, och blef [en] stamfar för hela Kauttoiska familien, som sedan härifrån spridde sig vidt omkring. Stället hade han köpt d. 20 octob. 1670 af Helbergs byamän, och hade hos sig länge en student från Finland benämd Ragvald hvilken predikade för finnarne, och informerte deras barn, samt af hvilken byn sedan fick sitt namn. Om Kauttoinen har man en anecdot. Att han n[e]mligen tjent hos en smed på Elfdals finnskogarna, men altid, hållit sin kunskap i detta yrke hemlig. Men engång hade under hans lärmästares frånvaro, en af grannarne vart i stort behof af en yxa. Han lät slutligen förmå sig, att försöka smida en sådan, och gjorde den så väl, att ingen stadssmed hade skapat den bättre. Då gissade man att han var den efterlysta smeden i Örebro, hvilket han slutligen fick låf att bekänna, sedan man låfvat, att ej förråda honom. [Han var tvenne gånger gift, och ägde 24 barn. Linderholm nämner i sin dissert. p. 8 äfven detta, men benämner honom Simon. Han säger: "Hirpis Kaute proganitorem, Simon Kaute, ex Rautalambi egressum ferunt. Hoc familian nomen in O_ Botnia adhuc stovere mihi

narratiem est. Dietus Simon ex duabur uxoribus XXIX proercarit liberus."] _En Anders K. från Ragvaldskärn upptog [byn] Homsjön å Gräsmarks Finnskog. _En Jacob Janson K. upptager byn Rantamäki (Runsjöviken) å Östmarks finnskog. En Jan Hindrikson K. från byn Vester Kymmen å Gräsmarks Finnskog, studerade vid Upsala Academie, och [tog sig ett annat namn: Kymnaeus i anledning af sjön Kymmene, vid hvars stränder han var född. _ Samt] försvann [sluteligen] _ man visste icke hvar._

För det närvarande träffas denna slägt i byarne Fäbacken, Stensgårds utskog, Runsjön, Mustamäki (Svarthultsberg) och Rantamäki (Runsjö viken) å Östmarks finskog; samt i byarne Gräshöjden, Suurestorpa (Soranstorp), Vestra Kymmen, Borrsjön, Tiskarekärn, men i synnerhet hela Ragvaldskärn by bebos af dem, Liksom tillförene [byn] Salsjön och sjelfva Kymsbergs Bruks-Herrgård varit dem tilhörige _ alla belägne å Gräsmarks finnskogar. En gren af slägten har blifvit kallad Pusainen.

Fernov kallar denns slägt Kafftene.

<small>Eget nog känner jag icke att denna slägt förekommer i Finland, men väl namnet Kautiainen i Pihtipudas och Kautto i Peräseinäjuki [och i Rautalampi] samt Kautiola i Kangasala.</small>

65. **Kavalainen.** [(d.l. illsluge).] En Grels Kavalainen - af de Svenske kallade Grels Cavall, hemma från Rantasalmi Socken och Kavala by, i Finland, upptager först byn stora Bogen å Gunnarskogs Finnskog. _En Johan Kavalainen från Bogen var berycktad för en stor Björnskytt. Han hade ej skjutit mindre än 95 Björnar i sina dagar, och beklagade sig ofta, för det han ej förmått få 100 talet jämt. Han var tillika en snäll bössmed, och gjorde sjelf alla sina lobössor. Han fick sedermera tillnamnet Närkiläinen för det han länge vistades i Närke, dit han blifvit efterskickad att utöda Björnar. Hemkommen till Finnskogarne, upptog han en egen gård, som ännu efter honom kallas Närkälä, belägen å Gunnarskogs finskog, samt blef här stamfader för slägten

Närkiläinen som sedan spridt sig äfven till Norrige. _Linderholm nämner honom i sin dissertation [sid. 22] men som vanligt _med ett felaktigt namn. Han kallar honom Joh. Arkelan och säger att han redan då skjutit 40 Björnar. Af Kavallaises slägt träffar man ännu härstammande ätteläggar i byarne Bogen, Lindberget, Kärry, Skålsjön, Myrman och Pyörälämminaho (Trindkärnsbråten) å Gunnarskogs finnskog.

Äfven till detta namn känner jag icke hos oss; endast slägtnamnet Kava förekommer i Kumu socken.

66. **Kavia.** [(d.l. stöket).] En Lars Staffanson Kavia _en lösdrifvare, man vet ej hvarifrån _gifte sig med Maja Mattsdotter Vilhuinen från Ryhkä, och af honom härstammar denna slägt, som ännu bebor nyssnämde by, på svenska Kroktorpet kallad å Järna finnskog i Dalarna. Men att denna slägt fordom varit boende äfven å Nås Finnskogar, skönjes deraf att en holme i sjön Närsen, än idag efter dem kallas Kavian soari (Kavias holme) .

Detta namn måste fordom hafva funnits i Idensalmi socken, efter der ännu förekommer en by som heter Kaviala.

100 [67.] **Källäinen.** [(d.l. vräklingen).] Af denna slägt känner man icke mera, än att det varit en Källäinen, som först uptagit Sefasti (Sefaståsen) å Ore Finnskog i Öster Dalarne.

99 [69.] **Käiväräinen.** [(d.l. hoprullaren)] Hvarest denna slägt haft sitt stamställe känner man icke men att den bebott och först upptagit det numera öde [blefne] stället Käiväräisen Autio, å Brandvolds finnskog i Norrige, liksom samma slägt förmodeligen först upptagit byn Käivärä (Ivankärn) å Ockelbo finnskog i Gestrikeland. _En K. som man gifvit det öknamnet Kifan Käiväräinen skall först hafva upptagit byn Råxåsen å Järna finnskog i Dalarne. _För det närvarande finnes denna slägt ännu i byarne: Halkoijen, [och] Mollberget å Aasnäs finnskog; i

Grabergsmoen, Norra Graberget, Katamäki (Enberget) och Silkoset å Vaaler finnskog, i Siljuberget å Elfverums Finnskog, samt i Kärmämäki (Ormberget) å Brandvolds Finnskog _alla belägne på Norrska sidan. Förmodligen är det en afgrening af denna slägt, som af de Norrske, benämnas: Mofolket.
Fernows namn är Käveran.

En gård i St. Michels socken heter än idag Käiväräisen autio, men hvarthän folket derifrån tagit vägen känner jag icke. Slägtnamnet Käiväräinen skall anträffas i Kulppana socken i Ingermanland.

101. [70.] **Kär[k]käinen.** [(d.l. efterhängsamma).] denna slägt bebor för det närvarande byarna Luukola (Lukvall) i Malungs Finnmark, och Barketorpet i Äppelbo finnskog. Föröfrigt obekant.

Namnet Kärkkäinen påträffas i Jockas, Sulkava, Piexämäki, Kuopio, Rautalampi, Kontiolax och_ i Petersburg. Kärkköinen i Rantasalmi och Helsingfors; Kärkkälä by finnes i Jockas, Piexämäki, Pielisjärvi och Rautalampi.

67 [71.] **Kekkoinen** [(d.l. näsperlan).] Denna slägt har fordom bebott den gamla och numera ödelagda byn Elgsjön i Dalby finnskog, hvilken by tros vara upptagen af [en] Adam, eller ock af en Urbanus Kekkoinen. Af denna slägt härstammade på möderna, den under namn af Joh. Fryklund, vid Upsala Academie studerande fingossen. Jämför Linderh. s. 15.
Fernow har namnet Kierkan.

Namnet Kekoinen förekommer i Jockas och bynamnet Kekola i Ilmola, men namnet Kekkoinen anträffas i socknarne Pihtipudas, Kuopio, Idensalmi, Rautalampi, Eno och Karttula, m.fl. Kekki i St. Andreas, bynamnet Kekkola anträffas i Hirvensalmi, Nurmis m.fl. st.

68 [72.] **Kelta** eller **Keltainen.** [(d.l. gulungen).] Denna slägt har fordom bebott det numera öde lämnade stället Keltaisen autio

nära Ärnsjö by å Östmarks Finnskog, äfvensom den lika ledes ödelagda gården Keltaistomta i den nordöstra delen af byn Lekvattnet å Fryksände Finnskog.

Härstädes bodde förr den berycktade Finnen Kelt-Anders kallad, [se "Förklaringen öfver Tarilus" s. 49] hvilken altid under de fordna norrsk fegderna räddade ofta sina grannar genom sin tapperhet och rådighet. Bland andra historier, må följande tvenne nämnas. [Annars är det bekant att denna finska slägt anträffades i Skandinavien redan par hundra år före Sturlesons tid, emedan han omtalar en beryktad trollkarl; benämnd Evind Kelta som blef dräpen år 998, och som var en sonson till den sköna Snöfrid, finnen Svases dotter, [gift med konung Harald Hårfager] (jemf. Allmogens i Savolax och Karelen Finska familjenamn sid. 24)].

Då norrmännen under kriget 1657 inkommo öfver gränsen för att ströfva, och hade med sig fogden, såsom anförare, under hvars befäl de redan föröfvat många grymheter och ämnade, såsom de utspridt, samma afton inträffa vid Fryksände k[y]rka, hvilken de tänkte begagna såsom stall för sina hästar, så gjorde Kelt Anders deras plan om icke, derigenom att han j[e]mte sin egen lo[d]bössa, länte en annan af Finnen Erik i Hvitkärn; sprang så till Ulfåa 3 fjerndels mil från Kähkölä by, der han visste att en gammal ihålig fura stod tätt intill vägen. han kröp derinne, och gjorde gluggar för sina bössor. Här väntade [han] till fienden kom, hvilken ganska obekymrad red vägen framåt, med sin härförare i spetsen, mycket grant utsirad. Han lät truppen komma innom skotthåll, och lade med första kulan fogden genom pannan; [k]ommenderade i och med det samma liksom hade han haft flere i sitt sällskap, till salva.Norrmännen hade ej tid att bida, utan vände med förskräckelse om öfver gränsen. Chefen, som fasnat i stigbögeln, släpades af hästen till Näfverbosjön, der han upphans af Kelta och plundrades. De oformeligt stora stångbätsel hän, bland annat härvid tog _förvaras ännu [så]som en troffe i dessa byar, och funnos sist i Niipimäki eller Örkärnshögden. Olika berättelser af samma sak finnes hos Fernov s. 834, utan att dock finnens namn nämnes, samt hos Linderholm s. 31. En annan gång då norrmännen varit öfver gränsen och plundrat [finnarna] i Runsjön, skickade dessa genast bud efter Kelta. Dock för sent, norrmännen hade redan vandrat af med sitt byte. Han gensköt dem [likväl] öfver skogen, och lurade bakom ett vindfälle uppå dem. Men denna gång voro de ej så fega, att de sprungo vid första skottet, utan de gofvo alla på en gång eld på honom, dock utan att träffa. Han kastade sig likväl på marken, liksom varit han träffad, hvarvid norrmännen blott rop[a]t till honom "fick du nu din devel", och fortsatte sin väg åt gränsen. Men så länge Kelta låg på marken _laddade han sin bössa, och sprang så in på lifvet ibland fienden, hvilken nu hade oladdade gevär, och i bråskan, för att undkomma, ej hade tid att uppsnöra de på ryggen fastbundna sädsäckarne, utan uppspräckte dem med sina knifvar, för att desto snarare [kunna] komma till fötters.

Bonden Anders Andersson Keltainen i byn Mart[t]ila (Halfvardstorp) å Östmarks finnskog, torde numera vara den enda afkomlingen af denna slägt, hvilken hos Fernov förekommer under namn af Kelten l.c.

I Jockas socken förekommer namnet Keltuinen, såframt det icke möjligen är en misskrifning istället för Kettuinen. Annars finnes Keltamäki by i Kangasniemi, och byn Keltis i Ithis, som påminner om denna slägt.

69. [73.] **Kem[p]painen**. [(d.l. matadoren).] En Bertil Kem[p]painen ifrån Savolax flyr för Ryssarnes plundring till Sverige och Norrige, återkommer till Vermeland och köper Pullingstorpet å Remmens finnskog, af Landshövdingen, hvilken konfiskerat det af finnen Hindrik Pulliainen, eller Pulling, som han af de Svenske kallades, och sålde det nu åt Kemppainen för 50 dal. kp.mt. _Om denna Kämp[p]anen är berättelsen den, att hans gård oförmodadt blifvit omringad af sju stycken Ryssar; han hade tagit sin lobössa, och sprungit på dörren, hållandes den framför hufvudet. På sådant sätt hade det lyckats honom att vinna fältet. Väl hade bössan kroknat af de slag man gifvit den, och hvilka egentligen varit ämnade åt hufvudet, men han hade

åter rätat den emellan träden i skogen, och vände [om] i skygd af dessa till sin gård, och sköt ifrån skogen en Rysse med hvar kula, han hade sålunda nedskjutit 6, då kulorna voro alla, och då han berädde sig att, [med kolfven af bössan] äfven gifva den sista sin bane, hade denne fallit till hans fötter och tiggt om nåd. Öfvertygad att Ryssarne ej skulle underlåtas att hämnas honom, tog han med sig all den egendom han och hans hustru, orkade bära, samt vandrade sålunda, genom många skogar och ödemarker, slutligen öfver till Sverige. Der skall han för Konungen (hvilken man tror varit Carl IXde) haft tilfälle att få berätta sitt äfventyr, vid det han begärde ett Kunga Bref. Konungen hade berömt honom och sagt till sin Se[k]reterare: Det var en kämpe, gif honom ett Byggningabref! Och af denna orsak förmodar man att han fått namnet Kämp[p]ainen. Han sökte länge på skogarne, både i Norrige och Sverige, något tjenligt boningställe; men då han ej fann ett sådant, köpte han Pullingstorp, som sedan efter honom äfven stundom kallades Kämpetorp. Af hans afkomlingar bo en del i byn Nitten, en del i Grilsås af Gränje Finskog i Vester Dalarne, en del och i byn Putkola (Slätten) på Järna finnskog. bland dem bonden Christoffer Person Käm[p]painen som är Bertils sonesons sonesons son, och är född 1746, samt varit som yngre gymnasist vid Carlstad Gymnasium. En annan Kem[p]painen, skall hafva upptagit byn Hamra å Orsa Finnskog, hans efterkommande bo där ännu. Bland dem [nämdemannen] Erik Person Kem[p]painen, hvilken såsom yngre, varit skräddaregesäll i Stockholm, och bland hvars söner, en är uppsyningsman öfver Kanalgräfningen vid Umeå. [En Lasse Kempe (troligen af denna slägt) omtalas af Arrelius såsom bosatt, redan för mera än ett sekel tillbaka, i norra Amerika.]

Fernov skrifver namnet Kempan l.c..

Namnet Kemppainen förkommer i Finland, i socknarne Jockas, Rautalampi, Idensalmi, Hyrynsalmi, [Ruskeala, Pelyjärvi,] och Pihtipudas; Kempas i Viitasaari; Kemppinen i Wiborg och Kurkijoki, samt Kemppi i Antuansaari och_ i Petersburg; Kemppala by i Viitasaari och Pielisjärvi.

70 [74.] **Keppainen**. [(d.l. skälmaktiga).] Denna slägt har först upptagit byn Keppanstorp eller Fårkullen å Östmarks Finnskog och träffas ännu i byarne Glekärn och Tallberg å samma skogstrackt.
Fernov skrifver det Keppan.

71. [75.] **Kettuinen**, [(d.l. räfven)] Stamstället för denna slägt är även obekant. Den träffas ännu i byn Norra Lekvattnet å Fryksände Finnskog; samt i byarne Vester-Kymmen och Säljabråten å Gräsmarks Finnskog, och i Ärnsjön å Östmarks finnskog. _En Erik Helsoinen i byn Leijen i Säfsens sok, erhåller [äfven] denna benämning, såsom ett öknamn, för det han fångat mänga räfvar.

Namnet Kettuinen anträffas i Jockas, Jorois, Sulkava, Rantasalmi, Idensalmi, Kontiolax, Uguniemi, Lieksä, Sääminge och _i Petersburg; namnet Kettu i Salmis. Byar med namnet Kettula finnas i Jockas, Nurmis och Jalasjärvi socknar.

72 [76.] **Keroinen** [(d.l. efterhärmaren).] En Pelle Keroinen tros först skall hafva upptagit byn Piesala å Aasnaes Finnskog i Norrige. _En Carl Keroinen kommer från norrska gränsen, och gifter sig med Brita Larsdotter Putkoinen i Putkola (Slätten) å Järna finnskog. _Carl Janson Keroinen från Putkola, upptager först Niipa (Hästkullen) i Nås.

Man anträffar familjenamnet Keroinen i Jockas, Kuopio, Idensalmi, Rautalampi, Kontiolax och Libelits; Kerola by i Asikkala och Tehulampi och Kero by i Hirvensalmi socken.

74. [78.] **Kiesinen** [(d.l. observatorn?)]. Denna slägt har fordom bott på det nu mera ödeblifvna stället Kiesisen autio, en fjerndel i öster från byn Kaupila i Östmark, och skall här helt och hållet förgått af hunger. Fernov kallar slägten Kesen.

I Randasalmi socken finnes en by benämnd Kiesimäki, hvilket liksom antyder att der fordom funnits ett slägtnamn benämndt Kiesinen, ehuru ett såbeskaffadt numera ingenstädes förekommer.

73 [77.] **Keäriäinen.** [(d.l. ihoplindaren).] [E. Keäriäinen från torpet Vinervallen i Äppelbo finnskog, å Vester dalarne uppgaf anden, under det de Svenske afstraffade honom med gatlopp, för att förmå honom afflytta ifrån socknen och (enligt Elfdals Härads Dombok) ledde man likaså en redan till hög ålder kommen Finngubbe gatulopp, efter gudstjenstens slut, utanför Råda kyrka, hvilken icke gjort annat än att han, såsom gammal och blind gått och tiggt i Bergslagen. Dock gaf man honom härföre i särabot en sexstyfvers slant.] En Lars Hindriksson Keäriäinen, född på Malungs Finnskogar uptager först byn Bredsjön i Malung vid pass år 1660. _En Lars Nilsson K. från Bredsjön upptager Ivarsberg._ Förövrigt bor denna slägt ännu i byarne Barktorp på Äppelbo Finnskog, och i Tyngsjön å Malungs Finnskog.

I Jockas och Puumala socknar anträffas ännu slägtnamnet Keäriäinen, och Keäriälä by förekommer i St. Michel, samt Keäriäsaari gård i Idensalmi socken.

75 [79.] **Kii[k]kalainen**, [(d.l. omsvängaren)] denna slägt tros varit här i landet före digerdöden, eller ock inkommit [kort] efter den samma. En gård i Höljys by kallas ännu Kiikala, och denna by är en af de äldsta finnbyar i landet, och har nu redan ifrån tider som man ej minnes, varit bebodd af finskt folk. Afkomlingar af denna slägt [finnas både] i Höljys och Aspa[be]rg byar å Dalby Finnskog.

Af detta namn torde endast ett ringa spår förekomma i ordet Kiikkilä, ett namn hvilket anträffas i Asikkala socken.

76 [81] **Killerinen**. [(d.l. muntergöken)] Denna slägt är egenteligen en utgrening af slägten Moijoinen; och som fått det namnet deraf att de härstammat från byn Gillerberget å Ny

Sockens Finnskog, hvarföre man börjat att kalla dem för Killeriloita. De bo förnämligast i byarne Pukbron, Fagerberget, Nuppen, Björkåsen och Krokkärnsberget, å Fryksände Finnskog.

77. [83.] **Kinainen**. [(d.l. grälmakaren)] Man känner ej af denna slägten mer än att den förmodeligen upptagit byn Kinoisen mäki (Östernäsberget) å Malungs Finnskog.

Man påstår att namnet Kinainen skall förefinnas i Ruskeala socken.

78 [84.] **Kinniainen**. [(d.l. utsträckaren).] Denna slägt bor för det närvarande i byarna Norra Lekvattnet, Lehtomäki (Löfhöjden), Stensgårds utskog å Fryksände Finnskog; samt i byarne Värälä (Varaldsskougen) och Vangen i Vingers finnskog. Dess stamställe är obekant.

Slägtnamnet Kinniainen torde vara synonymt med det i Pihtipudas socken förekommande namnet Kinniainen.

79. [85.] **Kinnuinen**. [(d.l. väsnaren)] Pår Pålson Kinnuinen gift med gamla gubben Nikaraises dotter i byn Hån i Säfsen, flyttade öfver till Finland, och sände derifrån sin bror [Mårten Pålson K.] hit i sitt ställe [Denne åter hade en son, Per Mårtenson K. som i förseende ihjälsköt sin egen broder Hindrik Mårtenson, på ett Björnskall, vester om stora Laijen.] Förövrigt är slägten bland de mindre kända.

Slägten Kinnuinen anträffas i socknarna Jockas, Pihtipudas, Laukas, Rautalampi, Kuopio, Bräkylä, Moaninga, Tuusniemi, Nilsiä, Leppävirta, Libelits och Pyttis samt _i Petersburg. Bör ej förblandas med namnet Kinniäinen, som även förekomma i Pihtipudas, ej heller med Kinainen i Jockas och Tammerfors, eller med Kinuinen i Petersburg. Kinnula by finnes i Moaninga, och Kinnulanniemi i Libelits.

80. **Kiiskinen.** [(d.l. girsen).] För det närvarande finnes denna slägt i byarna Niipimäki (Örtkärnshögden), Rantaho (Strandbråten) å Fryksände Finnskog; i Elghalla, Kalfskinsberg, Holland, Saunoila (Vestr. Mullkärn), Tenhula (Tenhuinstorp), Ruununmaa (Kronoskogen), Måshöjden, Björnkärnshögden, Lillskogshöjden, Mon och Sipilä/Sigfridstorpet å Östmarks finskog, samt i Kalfsjöberget å Grue Finnskog i Norrige.

Fernow skrifver Kisken.

Det finska familjenamnet Kiiskinen förekommer i Jockas, Karttula, Idensalmi, Nurmis, Libelits och Kontiolax socknar; samt _i Petersburg; slägtnamnet Kiiski i Pyhäjärvi och Kurkijoki socknar, samt i Petersburg. Kiiskilä by finnes i Jockas, Kerimäki och St. Michel.

81 [82.] **Kilpoinen.** [(d.l. medtäflaren).] En Kilpoinen har fordomdags bott på Näsberget vid Tosan, öster om Klarälfven i Ny Socken, men bortjagades derifrån af bygdefolket, då han upptog byn Kilpola (Norra Gransjön) å Hoffs finnskog, men alt folk dog så ut vid en farsot, på finska kallad poll[t]o-au-i, att icke en enda menniska fanns öfrig. Denna slägt har förmodeligen genom en annan gren, upptagit byn Kilpola (Svartvad) å Vaalers Finnskog, äfvensom det numera ödelagda stället Kilpoisen autio å Hoffs Finnskog. _En Matts Kilpoinen har fordom bott i byn Seppälä (Lenungen) å Glava Sockens Finnskog i Gilbergs härad af Vermeland. Hans efterkommande lefva der ännu. Dessutom finnes samma slägt ännu i byarna Grabergsmon och Kilpola (Svartvad) i Vaalers Sockens Finnskog.

Denna slägt torde vara densamma som den hvars namn numera skrifves Kilpinen och som förekommer i Jockas, Mäntyharju, Karislojo och Janakkala; det sluter jag deraf att i Jockas ännu idag finnes en by som heter Kilpola. Annars finnes [i Sordavala slägten Kilpi, och] i Petersburg namnet Kilpio och Kilpeläinen, af hvilka det sednare förekommer flerstädes i Finland t.ex. i Nurmis, Jockas m.fl.

82 [86.] **Kirjalainen.** [(d.l. boksynte).] En Kirjalainen, hvilken kommit från Finland, skall fordom hafva bott i byn Tarvala (Kölsjön) å Hassela Finnskog i Helsingeland, men bortflyttade, man visste icke hvart. [En annan af samma slägt har upptagit byarne Kirjala (Lillskog) och Aläkylä (Norra Los) å Ferila finnmark.] För det närvarande bor denna slägt i byarne Hännilä (Tenskog), Hyvylä (Ryggskog) å Ferila finnskog i Helsingeland; i Lehtomäki (Quarnberg), Tandsjön, och förut äfven i Lill-Tandsjön å Orsa finnskog i Dalarne. Troligen är det denna slägt Fernow utmärker med namnet Kyrilai, såframt det icke skall beteckna Kyröläinen (d.v.s. en Kyro-bo).

Slägtnamnet Kirjalainen förefinnes i St. Michel, hvarest en by heter Kirjala liksom det i Hirvensalmi finnes Kirjala gårdar, men bör icke förblandas hvarken med slägtnamnet Kirjavainen i Petersburg [och Juga] eller med Kirjoinen i Nykyrko socken.

83 [87.] **Kirnuinen.** [(d.l. tjärnan).] En Sigfrid Kirnuinen, som skall varit ifrån Finland, upptager först byn Södra Ängen å Gräsmarks Södra finnskog, hvilket hans efterkommande sedan förlorade till en fru Plenningsköld. _En Hindrik Kirnuinen upptager den numera ödelagda platsen Kirnuisen autio, i östra ändan av sjön Öijern å Brandvolds finnskog. Den ena af hans söner upptog först byn Viikero å Vingers finnskog, den andra uptog byn Ämtilä (Abrahamstorpet) . För det närvarande bor slägten ännu i byarne Niipimäki (Örtkärnshögden), Stensgårds utskog, och Långsjöhöiden å Fryksände Finnskog; i byarne Yöperinmäki (Abborhögden), Masterud och Tangen å Vinger Finnskog, i Vemo (Fennmoen) och Upåskölen å Brandsvolds Finnskog, samt i Skålsjön å Gunnarskogs Finnskog.

84. [88.] **Kituinen.** [(d.l. starkaren).] En Hans Kitunen upptager byn Kitula (Kitttorp) å Gräsmarks finnskog; Någon annan af samma slägt har förmodeligen upptagit byn Pohjos

Kitula/Kittmon å Fryksände Finnskog. Nu träffas slägten, utom i förenämde byar, äfven i byn Puontila (Pyntetorp) i Fryxände, och i Longkärn i Gräsmark.
Fernov skrifver namnet Kitten.

<small>Namnet Kituinen anträffas i Sulkava, Puumala, Pyhäjärvi, Valkjärvi, Wehkalax, Ruovesi, Ilomanti och St. Michel, [Bräkylä och Ruskeala] samt _i Petersburg; Kitula by finnes i Puumala.</small>

85 [89.] **Kokkoinen.** [(d.l. örnen] Detta är en urgammal slägt, som fordom skall hafva bott i byn Tobyn å Brunskogs finnskog, hvilken redan i långliga tider varit förvandlat till ett [svenskt] bygdeland. Denna slägt har förmodeligen först upptagit byarna Kokkoinen (Källåsen) å Bollnäs finnskog i Helsingeland, Kokktorpet å Gåsborns finnskog i Bergslagen, och Kokkastorpet å Vinger finnskog i Norrige. Nu träffas slägten i byarne Kar[t]tula (Karttorpet) å Fryksens finskog, och Mustamäki [(Svarthultsberg)] å Östmarks finnskog. _En [bonde] benämd Kokonpoika, hvilken kommit från Savolax i Finland, har först upptagit Lehtomäki (Björkberg) å Orsa Finnskog, och hvilken förmodeligen varit af denna slägt. [Uti de i Norra Amerika redan för mera än 100 år sedan af Arrelius beskrifna svenska och finska kolonierna uppräknas ej mindre än sex skilda familjer med namnet Cock, hvilka torde tillhöra finska släktnamnet Kokkoinen.]
Fernov kallar slägten Kocken l.c.

<small>Slägtnamnet Kokkoinen förekommer flerstädes, t.ex. i Jockas, Kristina, Tuusniemi, Idensalmi, Pielis, Nilsiä, Pihtipudas, Limingo, Juga, Kuhmo, Kangasniemi och Piexämäki; hvaremot namnet Kukko anträffas i Ilmula, Limingo, Säkkijärvi, Uguniemi, Sordavala, Viitola, Suomenniemi och Uusikirkko; byar med namnet Kokkola träffar man i Puumala, [Nurmis,] Viborg, [utan att tala om staden Gamla Carleby, som ännu på finska heter Kokkola] och Kukkila i Kuortane, hvilken påminner om slägten Kokkinen, som anträffas i Kuopio, Idensalmi, Nilsiä och Karstula.</small>

86 [90.] **Konkari**. [(Partigångaren).] Denna slägt är en utgrening af Hämäläiska familien, hvilken härstammar af en Paul Hämäläinen sedan allmänt känd under namn af Konkari (Partigångare) och hemma från Kärnberget efter honom Konkari kalladt å Ny Socken. Han blef sluteligen fångad af ett norrskt ströfparti, som omringade nattetid hans hus, och förd till Kongsvinger fästning, för att der blifva en martyr för alla sina vågstycken. Men känd för sitt mod, sin oförskräckthet, och sin tapperhet, erhöll han af öfverste Helmen i Brandvold sin frihet, som ett bevis på det att han värderade sin fiendes förtjenster, dock måste han lofva att ej mera oroa Norrige. Hans slägt bor i Kärnberget och i Flatåsen å Ny Sockens Finnskog.

87. [91.] **Kon[t]tinen**. [(d.l. näfverrenseln).] Denna slägt anses af några vara i skyldskap med slägten Soikkanen, af andra åter att [endast] vara ett binamn på [nämnde] slägt, och således deraf en afgrening. Denna slägt träffas för det närvarande i byarne Skallbäcken, och Vilhula (Skrockareberget) å Dalby finskog, i Bogen å Gunnarskogs finnskog, i Kalnäset å Grue Finnskog, och i Raatikkala (Rotberget) och Lindberget å Hoffs finnskog.

Utom namnet Konttinen, som anträffas i Leppävirta, [Libelits,] Suonenjoki, Kuopio, Idensalmi [Kides,] och Uleåborg, så förekommer slägtnamnet Kontiainen i Jockas, Sulkava och Puumala, namnet Kontio i Uleåborg, och Kontia i Jockas hvaraf Kontiala by i Puumala, utan att här tala om namnen Kontas i Storkyro, Kontula i Luumäki och Kontulainen i St. Michel.

88 [92.] **Kopoinen**. [(d.l. högdragne).] Denna slägt bebodde år 1686 byn Hästberget å Järfsjö Sockens Finnskog i Helsingeland, sade sig vara hemma från Rautalam[p]i i Finland, men äga slägtingar vid Nyenskans i Estland. (Se Görvells Nya Svensk biblioth. tryckt 1762 1. Del. p. 239.) _Monne möjligtvis denna slägt kanske upptagit gården Koppola i byn Tarvala (Kölsjön) å Hassela finnskog.

Namnet Kopoinen förekommer i Jockas, Kuopio, Idensalmi, Nilsiä, Joensuu, Rantasalmi, Ömpilax, Libelits, Heinävesi, Pelyjärvi, Leppävirta och Tohmajärvi, samt_ i Petersburg; (namnet Kopo anträffas i Kulla kp. af Ulfsby socken) och bör ej förblandas med namnet Koppoinen, ej heller med Kopiainen. I Kuopio finnes en by [och i Leppävirda en herregård] benämnd Kopolaniemi.

89. [93.] **Kor[p]pi** eller **Kor[p]pinen**. [(d.l. korpen).] Denna slägt finnes för det närvarande boende i byarne Lill-Tandsjön och Sandsjön å Orsa Finnskog i Dalarna.

Namnet Korppinen träffar man i Jockas och Korpi i Vihandi vid Brahestad; Korpela by i Kristina, ett namn som förekommer i Savitaipale, Teisku, och_i Petersburg.

90 [94.] **Kotalainen** eller **Kotolainen**. [(d.l. hemmavarande)] En finne med detta slägtnamn skall först hafva upptagit byn Tröen å Brandvolds finskog, och lade sin gård under ett skinnskatte till Kronan. Då han blef gammal och hade inga arfvingar, sålde han sitt hemman [för en gammal häst och en matta tobak] till Hofoss bönder i Norrska bygden, och flyttade [sjelf] tilbaka till Finland.

Detta slägtnamn torde vara detsamma som i Finland förekommer under namn af Kotilainen och anträffas i Jockas, Rautalampi, [Kides, Juuga,] Heinävesi, Elimä, Kivijärvi och Viitasaari, samt_ i Petersburg; namnet Kotoinen förefinnes däremot i Virolahti eller Wederlax.

102 [95.] **Kössinen**. [(d.l. byltet).] Bönderna Johan och Anders Kössinen öfverkomna med famille ifrån Finland, och upptaga byn Kössila (Kösstorpet) å Gunnarskogs Finnskog, men sålde det efter någon tid till en Johan Soi[k]kainen, och flyttade sjelfve till Hedemarken, ned i Norrska bygden. Ungefär 20 år derefter hade tvenne flickor ifrån Norrige, som sade sig vara Kössises döttrar, kommit till Kösstorpet, för att än en gång se sin födslobye, och [då] sen aldrig mera. Denna Soi[k]kaises efterkommande skildes ifrån de andra af samma slägt, derigenom att de fingo samma

namn, som de förra innehafvarna af Kössila ägde. Således äro de nuvarande Kössisiä endast en afgrening af slägten Soik[k]ainen, hvilken förnämligast träffas i Långsjöhöjden och några andra byar af Fryks[ände] finnskog, äfven som å Gunnarskogs._

Stamordet härtill, eller namnet Kössi, förekommer ännu Messuby socken; hvaremot namnet Kässinen torde hafva förefallit i Kerimäki socken, eftersom der ännu finnes en by som heter Kässilä.

91. [96.] **Kuhmalainen**. [(d.l. bulnadsfulle).] Denna slägt har förmodeligen först upptagit byarne Kuhmalainen (Vägglustorpet) å Grue finnskog, och Kuhmalaistorpet å Vestra sidan af Brandvolds körka. För det närvarande träffas slägten utom i förenämde byar i Skalltorpet å Fryksände finnskog, i Ryki (Rögden) och Nuppi (Noppen) å Dalby Finnskog, samt i Liukoinen (Liuktorpet) å Grue finskog.

Förmodeligen är det denna slägt som Fernov kallar Kommelan.

Icke K[u]hmalainen, men slägtnamnet Kuhmoinen förefinnes i Kuopio och Rautalampi socknar; till följd hvaraf Kuhmois är ett kapell under Padasjoki socken, och Kuhmu eller Kuhmoniemi, ett kapell under Sutkamo socken.

92 [97.] **Kuikka**. [(Lomen)] Denna slägt har förut bott i Borangen å Dalby Finnskog. En Joh. Mattsz K. från Öijern flyttar till Samulin Kankas (Rottnemon) å Brandvolds finnskog. för det närvarande finnes denna slägt utom i sistnämde by, i byn Öijern i Brandvold, i Ämtila (Abrahamstorpet) i Vinger och i Sarvimäki (Halfåskärnsberg) i Grue.

Denna slägt träffas i Libelits, Johmajärvi och St. Andreas socknar; en gård i Piexämäki heter ännu Kuikka. Huruvida namnet Kuiko, som förekommer i Hvittis socken, härmed är i slägt torde vara mera ovisst.

93 [98.] **Kukkoinen**. [(d.l. tuppen).] En Hindrik Kukkoinen från Finland upptager Vester Näsberget å Ny sockens finnskog, öster

om Klarelfven. _[En Staffan Kukkoinen, ifrån Finland [upptager] Sälsjön å Mangskogs finnmark, hvarifrån en Petter K. nedsätter sig i Humsjön nära derintill.] En Staffan Kukkoinen, som äfven påstås varit från Finland, upptager Salsjön å Gräsmarks södra finnskog — En Hindrik Person K. flyttar med sin far från Salsjön i Gräsmark till byn Homsjön å Gräsmarks Finnskog, hvilken by till det mesta bebos af denna slägt. _En Anders Erson K. upptager Bråten å samma finnskog. _En Christopher K. skall upptagit Timbonäs å Gräsmarks norra finnskog, men Linderh. påstår sid. 8 att han hetat Lars Pålson K. och varit hemma från Finland [köpt stället för 18 Rd], samt varit stamfader för hela denna familla innom Gräsmark. [Han säger: "Paul Laurentii Kockoisia, auctor st------ Fennonum ad Timbonäs et Långenäs, recta ex finlandia huc ----exil. Emil Timbonäs ob XVII ------- imperialis; assesor juridici inferioria constituli recti fecit tenastistimus multa--que eg-- cansas. Det är annars anmärkningsvärdt att nästan hvarje gång svenskar meddela några uppgifter om dessa finnar, så skrifva de rasande och uppåt väggarna.] _En Christoffer och Lars Pålssöner K. köpa sig [Kukkola] (Longnäs) af Överstelieutenanten Gyllenspets d. 26te martii 1667 för 20 Rd. Sp. _En Lars Pålsson K. från Långnäs reser till Lappland att söka bot [överstruket text följer] En norrman öfvertalar några Kukkoisia från Långnäs, att med sig resa till Christiania, för att göra en coup de mala. De följde, och det lyckades, men på hemvägen öfverrumplades de, helt nära gränsen, då de sköto till måls med sina bössor vid stranden af Mökkern, på ett ställe kalladt Huiluniemi, och hvarvid en af dem stupade för en norrsk kula, men de öfrige räddade sig lyckligt över gränsen. _En Hindrik K. som varit mycket rik, skall bott på Kukkoisen autio, numera en öde plats vid Torpberg i Östmark. Det berättas om honom det samma som om gamla Häkkinen i Radsjöberget, och flera andra af den tidens finnar. Att de hade 30, 40 till 50 dagsverkare i sitt arbete. Och att det var vanligt, [att då folket] gick ut på sin åker eller sved, körde de alltid en oxe framför sig, som der slagtades och förtärdes. Hvarvid man bör observera att deras sveder ofta lågo aflägsna från gården, och att de hade här arbete för mer än en dag. _En Hindrik Hindriksson K. från Homsjön, studerade vid Upsala Academie, och blef efter många genomgångna öden, [enligt uppgift] prästvigd i Carlstad, och tjenar för det närvarande såsom Sacellan i Skillingmarks Socken i Nordmarkens härad af Vermland. [Han torde hafva liksom många andra, hafva antagit ett annat namn; åtminstone förekommer han ej under sitt finska namn i Hammarins Herdaminne öfver Carlstads stift. Olle Kuckou som omtalas i Amerika af Arrelius var säkert en afkomling af denna slägt.]

För det närvarande träffas denna slägt på Gräsmarks finnskogar i byarne Borrsjön, Ritaho, Bråten, Salsjön å södra finnskogen, samt i Långkärn, Mariastorp, Soranstorp, Timbonäs, Kammoismäki, Remestorpet, Lusketorpet, Pyntätorpet, Kotistorpet, Tvellen och Långnäs å de norra finnskogarne. Samt vidare i byarne Fäbacken, Öhmölä (Ömmestorp) och Puukaula (Kavelsåsen) å Östmarks finnskog, j[e]mte i Haikola (Bredsjön) å Fryksände Finnskog. Man vet ej om Fernov med namnet Kocken snarare torde mena denna slägt, än slägten Kokkoinen.

Förenämnde finska familjenamn förefinnes i Jockas, Sulkava, Kuopio, Nilsiä, Libelits, Karttula, [Pielavesi,] Rautalampi, och Kontiolax; namnet Kukko i Petersburg, bynamnet Kukkola i Piexämäki och Tyrnävi, samt Kukkula i Wederlax. Dessutom förekommer ett särskild familj[namn] med namnet Kukkainen i Petersburg [och en by i Kivinebb, som heter Kukkonen.]

94 [99.] **Kultinen**. [(d.l. sötungen).] en afkomling af denna slägt träffas i byn Långsjöhöjden i Fryksände, och har förmodeligen upptagit torpet Kulta.

95 [100.] **Kurki**. [(Tranan)] Denna slägt [som (måhända fordom adlad under namnet af Kurck!) spelat en större roll i Finlands historie_] finnes numera blott i byarne Lillskogshöjden, Tallberg, och Björnkärnshögden å Östmarks finnskog.

Fernow skrifver namnet Kurken.

Slägtnamnet Kurki träffar man i Jockas, Kristina, Puumala, St. Andreas, Mula, [Bräkylä och Kontiolax] socknar; i Wirdois finnes en by som heter Kurki.

96. [101.] **Kymöinen**. [(d.l. flöd[ar]en).] Denna slägt har förmodeligen först upptagit byn Kymölä (Afvundsåsen) å Dalby finnskog, hvarifrån den sedan utspridt sig å dessa skogar. Och träffas nu i byarna Kymölä [(Afvundsåsen)] , Sänkaho (under Kinsjön), Nuppi (Noppen), Aspeberget, Rangberget, Lenserud (eller Halsjön) Possåsen, och Medskog å Dalby finnskog; samt i byarne Sandsundet, Flisstranden och Eftabergsstranden å Aasnaes finnskog, jämte i byn södra Graberget å Vaaler finnskog i Norrige.

Äfven detta familjenamn måtte dock fordom hafva funnits här i Finland, äfven om det numera icke står att finnas, efter vi hafva elfvar, härader och Län, som derom antyda. Slägter med namnet Kymäläinen anträffas i Viborgs socken.

97. [102.] **Kyttöinen** [(d.l. glödaren).] denna slägt måste förmodeligen först hafva upptagit byn Kyttölä (Solberg) å Ekshärads Finnskog i Elfdalen, hvarifrån den sedan kom till Kinaisenmäki (Östernäsberget) å Malungs Finnskog, samt träffas nu äfven i Vester Gåskärnsberget å samma skog, och har fordom äfven bott i Södra Lekvattnet i Fryksände. Fernov skrifver Kyttan l.c.

Uti Kivinebb (eller Kivinapa) socken anträffas såväl slägtnamnet Kyttöinen som Kytöinen.

98. [68.] **Kähköinen**. [(d.l. hväsa[re]n).] En Pekka Kähköinen ifrån Fäbacken upptager först byn Kähkölä (Kecktorp) å Fryksände finnskog. _Cathr. Ersdotter Kähköinen, [från Kähkölä] gift med bonden Johan Johansson Pork[k]a i Vasik[k]amäki (Kalfhöjda) å Östmarks Finnskog, har framfött 13 barn, och deribland 4 gl. tvillingar. _Hon lefver ännu. _Denna

slägt måste först [äfven] hafva upptagit Kähköisen kankas (Keckåsen) å Östmarks skog. Den finnas härstädes ännu i byarne Mustamäki (Svarthultsberg), Fäbacken, Hvitkärn, Ärnsjön, Sparkberg och Sandsjöberg, samt å Fryksände Finnskog i byn N. Lekvatten och Långsjöhöjden. Måhända har det kanske varit denna slägt, som fordom bott i byn Käkskärn å H[ä]ll[e]fors Sockens Finnskog i Grythytte bergslag i Vestmanland.
Fernov kallar denna slägt Kjeckan l.c.

I Kuhmo kapell under Sotkamo socken förekommer familjenamnet Kähköinen, [äfvensom i Nurmis [Kontiolax] och Pielisjärvi;] i Jockas deremot namnet Kähkö; och Kähkölä by finnes i Kangasniemi, St. Michel, Pielisjärvi och Lapinlax kpl af Idensalmi socken.

103. **Laininen.** [(d.l. svallvågen).] Denna slägt har först upptagit byn Lajnila (Stora Mörtsjön) å Torps Sockens Finnskog i Medelpad, och finnes öfveralt i dessa finnskogar kringspridd [och troligt är äfven att byn Muisjön å finnmarken i Åmot kapell i Helsingeland varit bebodd af slägten efter dess finska namn skall heta Lanilla [enligt svenskarnes skrifsätt.]

Det påstås att namnet Laininen skall anträffas i Kavi socken.

104. **Lai[t]tinen.** [(d.l. sidovinden).] Denna slägt, skall förut hafva bott i byarne Hiirola (Lilla Björnmåsen) och Viihmäki (Fallåsen) å Svärdsjö Finnskog. _Tvenne bröder, Lars och Håkan Månssöner, skall hafva kommit till Mangskogs finnskog och först upptagit byarne Lai[t]tila (Bjurbäck) och Homsjön. Man berättar om dem att Lars varit den yngre brodren, hvilken tjent som dräng hos den äldre, Håkan; Sedan de någon tid innehaft dessa platser, sände Håkan sin dräng till Landshöfdingen för att begära fastebref å de samme, med löfte att Lars skulle för sin del få behålla Homsjön, såsom den sämre lägenheten. Men Lars var slugare, än man trodde. Han lät skrifva sig sjelf in såsom ägare af Bjurbäck och insatte Håkan i Homsjön, som dermed fick låf att

låta sig åtnöja. Marken hade de köpt för Tio Rd. af Toby bönder och Fastebrefvet [härå] var dateradt d. 29de Julij 1629. Dock hade Håkan den olyckan till, att se Homsjön kort derpå uppbränd av Svenska bonden Björn i Hån. [Annars berättar man om denna Lars Månsson L. att han först hitkommit ensam ifrån finland och huggit sig en sved på det så kallade bastufallet. Här utsådde han ej mera råg, än hvad som kunde rymmas i en Läder hanske (ty han ägde ej mera) men planterade det korn för korn. Hvarefter han for till finland att derifrån hämta sin Hustru. De byggde sig en bastu, och bodde någon tid här på bastufallet, innan de uptäckte lägenheten af bjurbäck och flyttade dit.]

Namnet Laittinen igenfinner man i Jockas, Rautalampi, Nilsiä, Idensalmi och Moaninga, Kontiolax, samt_ i Petersburg. Laittinen en by i Suistamo socken, och Laittila i Jääskis. En särskild slägt är Laitiainen, som anträffas i Kristina, Piexämäki och Kangasniemi; hvaraf Laitiala by äfven der förekommer, [Laitila är] äfven det finska namnet på Letala socken, i Åbo län.

105. **Lampinen** [d.l. träsket]. Denna slägt har förmodeligen [fordom] bott i ett torp, som ännu kallas Lampinen å Bollnäs finnskog i Helsingeland, men hvilket ställe nu lyder såsom Fäboställe under Svartnäs bruk i Svärdsjö.

Namnet Lampinen träffar man i St. Michel, Piexämäki, Puumala, [Rautalampi], Kides och Kontiolax; Lampila heter en by i Puumala och ett rusthåll i St. Michel, ett namn som äfven anträffas i Petersburg. I Jockas deremot träffar man slägten Lampiainen. Lampis är [äfven] namnet på en socken.

106. **Lappalainen** [d.l. lappen]. Denna slägt har först upptagit byn Rörkullen å Fryksände Finnskog, ditkommen ifrån Bergslagen. Slägten kallas af Svenskarne Lappe, och bor ännu i byarne Haikola (Bredsjön) och Puontila (Pyntätorp) i granskapet.

Namnet Lappalainen förekommer i Jockas, Kristina, Puumala, Kuopio, Idensalmi, Nilsiä, Tohmajärvi, Eno, Jaakimvaara och Libelits. En by som heter Lappalainen finnes i Mola socken.

107. **La[a]tikkainen** [d.l. skyffelen]. En Finne med detta namn har fordom bott i byn Lai[t]tila (Bjurbäck) å Man[g]skogs Finnskog, och hvaraf afkomlingar, ännu torde finnas där.

Namnet Laatikkainen finner man i Jockas, Ilmola, Kontiolax, Idensalmi och Ilomanto.

108. **Laukkainen.** [d.l. skuttaren]. Denna slägt har förmodeligen upptagit byn Laukkala Laukkala, Svärdsjö å Svärdsjö Finnskog; föröfrigt känner man derom ingenting. [Icke heller Fernow känner dem, men troligen är det af denna slägt, som redan fyra familjer, under namn af Laikan, redan 1613 funnos öfverflyttade till den finska församlingen i Norra Amerika].

Namnet Laukkainen påträffar man i Jockas, Kuopio, Idensalmi, Pielis, Eno, Pelyjärvi, Rautalampi, Kihtelysvaara, Uguniemi och Parikkala samt _i Petersburg. Laukkala by finnes i Jockas, [Pielavesi och Joensuu] och i Asikkala, Laukko i Bjerno och Storkyro. Laukas är annars äfven namnet på en socken. I Su[l]kava förekommer slägtnamnet Laukoinen, som det der skrifves.

109. **Laulainen** [d.l. sångaren]. Att denna slägt fordom måtte hafva bott å Gräsmarks Södra Finnskog, att det finnes tvenne särskildta ödelagda bostäder, som kallas Laulaisen autio, den ena nämmeligen på gränsen emellan Gunnarskog och Gräsmark, nära viken Saparolahti, den andra söder om byn Kalfhöjden. Äfvensom det finnes en liten hölme i sjön Homsjön som heter Laulaisen saari, och hvarvid förmodeligen någon Laulainen måste hafva omkommit.

Slägten Laulainen råkar man i Rautalampi, Laulaja i Laihela, och Lauloinen i Kuopio: byn Laulalanmäki anträffas i Leppävirta.

110. **Lauriainen** [d.l. Lars]. Denna slägt [har] här på skogen nyligen tilkommit, derigenom att en Finne Erik Larson i Fallet, å Dalby finnskog, adopterat detta namnet, emedan han såsom född

71

af en Svensk far ej ägde något slägtnamn. Annars måste denna slägt fordom funnits å dessa Skogar, efter som Fernov nämner en finnslägt för Laurheken.

Namnet Lauriainen anträffas i Jockas; men Laurikainen i Ruskeala, Kides, Jockas och St. Michel; bynamnet Laurikkala i Kristina och St. Michel; Laurila i Kuru, Storkyro, Lappo och Loppis.

111. **Lautiainen** [d.l. allestädes närvarande]. Denna slägt har fordom bott i Vester-Mörtnäs på Karlanda Sockens Finnskog i Nordmarken, och afkomlingar deraf, torde ännu finnas såväl här som i nästgränsande byar på Glas finskogarne.

Namnet Lautiainen finner man i Jockas och Sulkava; byn Lautiala i Jockas och namnet Lautala i Wiborg, och Lautu i Yläjärvi.

112. **Lehmoinen** [(d.l. nötet).] En Carl Lehmoinen hvilken sagt sig vara hemma från ett ställe som heter Kuhakoski i Finland [Kuhakoski förekommer i Sulkava socken] uptager först Koarlola (Carlstorpet) å Grue Finskog, [i Norrige;] känd annars under namn af Akka Koarle för det han hade med sig så många käringar, nämligen sin mor, sin hustru och sin svärmor. Numera är denna slägt ganska talrik, och det tyckes troligt som det inkommit mer än en finne med det tillnamnet. Man träffar den nu n[e]mligen i byarne Samulin kankas (Rottnamoen), Mulikkala (Våhlberget), Per[t]tula (Östra Liukashögden), P[o]alala (Tysktorpet) å Grue Finnskog; i Fallet, Harmoamäki (Gråberget), Kusetinmäki (gussetberget) och Tulpa (Dolpetorpet) å Hoffs finnskog, i Piesala (Peistorpet), Pakkola (Backen), Vermundsberget (Norra och östra), Sandsundet, Venberget, Vermundmoen, Possåsen, Kynäggen, [Frysjöberget [överstruket!] och Kirkomäki (Djurberget) å Aasnaes finnskog. _i Kalfskinsberget, Holland, Ruununmuaa (Kronoskogen) [å Östmarks finnskog;] Neuvola (Bjurberget), Borangen, Djekneliden, Murtomäki (Våhlberget) Elgsjön, Fallet, Hjerpliden,

Kanala, Kupila, Dypåsen, Rögden, Vilhula (Skråckarberget) å Dalby finnskog, _i Monkaranta (Mongstranden) å Fryksände finnskog _i Öijern, Naimaho (Trolofsbrännan), Havukota (Barrsjulet) å Brandvolds finskog. _En Carl Lehmoinen i Borangen lefver ännu, känd som en af de förståndigaste, hederligaste och mest välmående finnar å dessa skogar. [Följande är överstruket: /En Danjel Andersson Veteläinen från Tysjöberget å Aasnäs finnskog, lefver ännu och känd som en af de största Björnjägare. Han är nu blott några och 40 år, och har redan skjutit 64 Björnar, utom vargar, Loar och Räfvar till ett oberäknadt antal./ slut på överstrykning]. _En Danjel Halvorsen Lehmoinen från byn Räfhultet i Grue Finnskog, har för sin tapperhet i fält, blifvit af Prins. Carl August behedrad med Dannebrogsmansorden, samt vid sitt afsked begåfvad med en hedersvärja, åtföljd med pension för lifstiden. Han var en af dem som stod i [k]orrespond[ens] med mig, var och med den Finnska Deputationen [år 1823] upmarscherad till Stockholm, samt utvald till Klockare vid den blifvande Juvaniemi församlingen [(som dock torkade in)]. Han har en bror Johan Halvorsen L. som håller värdshus i Köpenhamn.

Det finska familjenamnet Lehmoinen anträffas i Rautalampi och Sordavala och byn Lehmo i Kontiolax.

113. **Leruinen.** [(d.l. dagdrifvaren).] En torpare benämd Anders Danjellsson i byn Fagerberget, under Aspe å Fryksände östra finskog äger detta tillnamn, dock vet man icke om det är ett gammalt slägtnamn, eller endast gifvit honom af ett tilfälle.

114. **Lievoinen.** [(d.l. lärkan)] Denna slägt har förmodeligen uptagit och bebott byn Lievola (Lenåsen) å Uggelbo finskog i Gestrikeland.

Namnet Lievoinen anträffas i Kides, Impilax och Bräkylä; Lievola by finnes i Jockas. Härmed må ej förblandas slägtnamnet Levoinen i Hiitola, eller Leväinen i Ikalis, Idensalmi och Pielis.

115. **Liimalainen.** [(d.l. fastlimmaren).] En Petter Liimalainen uptager först torpet Tulpa (Dolpetorpet) å Hoffs Finnskog i Norrige. Denna slägt träffas nu i byn Yöperinmäki (Abborrhögden) å Vingers finnskog, och i Mamola (Spättungen) och Långsjöhöjden å Fryksände finnskog.

Namnet Liimatainen, som påträffas i Jockas, Kristina, Puumala, Rautalampi och Pihtipudas, jemte Liimatala by i Puumala, torde ursprungligen vara samma namn som af några skrifves Limattain.

116. **Liitiäinen.** [(d.l. sammanfogaren).] Bertil Sigfridsson [L.] från Norrska gränsen upptar Bertilstorpet å Järna Finnskog, hvarefter de utbredt sig på skogarna i Vesterdalarne, de finnas der i Jänsen å Floda Sockens Finnskog, [Sikala,] (Quarnberg) å Säfsens Finnskog, i [Karjala] (Vakerskogen) å Järna finnskog; i Skattlösberget å Gränje finnskog o.s.v. Hvarest de egenteligen haft sitt stamställe i Norrige är ej kendt, men en Hindrik Pålson Liitiäinen har först upptagit byn Koisila (Norra Vermunden, eller Krättviken) å Aasnäs Finnskog, hvilken torde blifvit en stamfar för mången. Slägten träffas här, i byarna: Slättmoen, Haalintorpa (Halsjön), Haukamäki (Höksjöberget), Lindberget, och Kirkkomäki i Aasnäs Socken. _i Södra Graberget, Kataamäki (Enberget), Rajaho (Rådelsbråten), Runberget, Risberget och Silkoset å Vaalers finnskog. _I Siljuberget och Grannerud i Elfverums Finnskog. _i Rajaho (Rådelsbråten), Rangberget och Medskogen å Dalby Finnskog.

Det enda spår af detta namn, som [(mig veterligen)] numera förekommer i Finland, är byn Liitilä i Kerimäki.

117. **Lintuinen**. [(d.l. fågeln).] Denna slägt har bott å Bollnäs finnskogar och förmodeligen upptagit byn Lintula derstädes. Dock tyckes den äfven varit i Vermland efter Fernov kände denna slägt under tvenne särskildta namn, n[e]mligen Linden och Linton l.c.

Namnet Lintuinen påträffas i Jockas, Kuopio, Rautalampi, Tohmajärvi, Jorois, [Nurmis] och Mola; Lintula by finnes i Kivinebb socken.

118. **Liukoinen**. [(d.l. kringströfvaren)] En bland de första finnarne som nedsatte sig i Norra Lekvattnet å Fryksände skog, hette Liukoinen, och kallas gården så ännu, under hvilket namn man ofta velat förstå en viss del af byn Lekvattnet. _En Mårten eller Paul Liukoinen upptager byn Liukola (Smedtorpet) å Brandvolds finnskog. _Samma slägt har förmodeligen upptagit byn Liukoinen (Ljuktorpet) å Grue Finnskog och östra och vestra Liukashögden å samma finnskog. _För det närvarande träffas slägten i byarne Puntainen (Ormhögden), Niipimäki (Örtkärnshögden), [Märrbacken] och Norra Lekvattnet å Fryksände Finnskog, _i Puupola (Popetorpet) å Gräsmarks Finnskog, _i Närkilä och Skålsjön å Gunnarskogs Finnskog, _i Liukola (Smedtorpet), Svennilä (Svenntorpet), Ronkaistentorpa (Runketorp), Mangelanstorpet, Nytorpet, Slättmoen, Mänki, och Stamptorpet å Brandvolds Finnskog, _i Kankais (Dragonmoen) å Vingers Socken, _i Rottnaberget, Kassinpiää, Skassänden och Liukoinen (Ljuktorpet) å Grue Finskog, _i Kusitinmäki [(quässetberget)] i Hoffs finnskog.

Fernov kallar denna slägt för Linken, och då Linderh. s. 31. talar om Luckarnas förfäder, menar han Liukoisernas.

Slägtnamnet Liukkoinen förekommer i Jockas, Kristina, Kangasniemi, Rautalampi, äfven _i Petersburg. Liukko i Vesilax och Ylistaru, Liukas i Jockas, Liukkola by i St. Michel och Hirvensalmi.

122 [120] **Loimalainen**. [(d.l. uppflammaren).] En Simon Loimalainen upptog först byn Lindberget å Brandvolds Finnskog på slutet af 1600-talet, blef rik och mä[k]tig genom sina många Sveder, köpte en gård i Norrska bygden, flyttade dit och l[e]mnade Lindberg öde.

Namnet [Loimaa och] Loimala förefinnes i [är den finska benämningen på] Loimjoki socken; och en by benämnd Loimala [finnes äfven] i Suistamo socken. Namnet Loimalainen skulle sålunda kunna beteckna en Loimjokibo.

123. [12-] **Loininen** [(d.l. lättingen).] Af denna slägt är ej mer bekant, än att den sannolikt först upptagit byn Loinila (Möjsjön) å Ockelbo Finnskog i Gestrikeland.

124. [121.] [122] **Lou[k]kiainen** [(d.l. påstötaren).] denna slägt har fordom bott i det numera ödelagda stället Loukiaisen autio på Åmots skog i Brunskogs Socken. Är numera liksom många andra utgångna, eller åtminstone numera okända. Ett annat ödetorp efter denna slägt, fins under Mammola hemman i Fryksände, hvilket nyligen blifvit upptagit ånyo kalladt Loukkaisen autio.

Af detta namn återstår ett svagt minne i Loukkio herregård i Jockas socken och namnet Louko i Storkyro.

119. [128.] **L[o]aininen**. [(d.l. slintaren)] En Hindrik Hindriksson L[o]aininen från Dalby Finnskog upptar byn Borrsjön å Gräsmarks södra Finnskog, hvarpå han fick Kungabref d. 20de junii 1625. _En Matts Anderson L. från Homsjön upptar Riitaho å Mangskogs finnskog. Ännu bor denna slägt i byarna Vestra Kymmen, Mangen, Riitaho och Göranstorp å Gräsmarks Finnskog. _I Ryökä (Röuken) å Hoffs finnskog. Denna slägt bodde äfven tilförene i Mörtnäset å Karlanda Sockens Finskog, eller på de så kallade Glas finnskogar, och hvaraf afkomlingar torde återstå, ehuru de ej äro kända. Fernov kallar slägten Loanni l.c.

Detta namn, som förekommer i Kavi [och Nilsiä] socken, torde vara synonymt med det i Jockas befintliga slägtnamnet Laanninen. En gård med namnet Loainila finnes i Muhois och Uleåborg.

120 [123.] **L[o]amainen.** [(d.l. ompajaren).] Denna slägt har fordom bott i Bingsjön, som utgjorde Rättviks Sockens finnmark i Öster Dalarna, och i en gård kallad Danjelsgården. Föröfrigt känner man ingenting numera om denna slägt.

Namnet Loamainen som förekommer i Jockas, skall äfven finnas i Kides och i Pielis socken, Loamala by finnes i Jockas och Loamola i Wiborgs socken.

121. [124.] **L[o]askoinen,** [(d.l. artiga)] denna slägt torde förskrifva sig från byn L[o]asku i Fryksände Östra Finnskog, och lärer ej vara från Finland inkommen. En inhysning benämd Paul Person L[o]askoinen bor i byn Skallbäck å Dalby Finskog.

Månne detta namn ej skall vara synonymt med slägtnamnet Loasoinen som anträffas i Jockas, och med Loasari i Ilomantu?

125. **Lujainen.** [(d.l. hållfasta)] Af denna slägt finnes nu mer inga spår, _aldra minst i Vermland. Men man har anledning att gissa att denna slägt var en i bland dem som före Digerdöden voro i landet. Då folksagan berättar att det varit en finne som först uptäckt Sala silfvergruva, och då en af de äldsta brytningarna här heter Lujansgrufvan så har man anledning att förmoda, att det varit en Lujainen som först uptäckt den samma.

Jag har hört påstås att detta finska slägtnamn skall förekomma i Kuopio socken.

126. **Lumiainen** [(d.l. snöomhöljda)] Det berättas hafva varit tre bröder af denna slägt som först ankommit från Finland, n[e]mligen Göran, Erik och Hindrik, och hvilka nedsatt sig å Gräsmarks södra Finnskog. Göran upptog den gården i byn

Mangen, som än heter Yrjän torpa, Erik drunknade i sjön Lomsen, emellan Kössöla och Mammola (hvilken [sjö] kanske deraf fått sitt namn) och Hindrik drunknade i Kömi, eller Kymmene. Af Görans söner flyttade Hindrik till Ruukinmäki (Kroktorp) och Matts bodde quar i Mangen; men hans son Hindrik Mattsson L. flyttade till Hundviken å Gunnarskogs Finnskog, och sluteligen derifrån till Bogen. _Numera finnes slägten i byarna Homsjön och Hundkullen å Gräsmarks Finnskog samt i Lumsintorpa (Lumsen) å Fryxände Finskog, hvilken måtte [enligt hvad redan sjelfva namnet utvisar] vara upptagen af någon i slägten.

Fernov kallar den Lomian l.c. Någon af denna slägt har förevigat sitt minne vid Sala silfvergrufva (jemf Allmogens i Savolax och Karelen finska familjenamn sid. 19).

Detta namn förefinnes icke numera mig veterligen i Finland, ty troligen står slägtnamnet Lumiaho som finnes i Vihandi dermed icke i något sammanhang.

127. **Luskainen**. [(d.l. bullerbasen).] Denna slägt har först upptagit byn Luskala (Lusketorpet) å Gräsmarks norra Finnskog, men tyckes numera hafva gått ut. Fernov kallar den Luskan.

Namnet Lusikkala, som anträffas i Pulkkila, och i Iqvonto i Ingermanland, torde [måhända] vara ett reminiscens af denna slägt.

128. **Luu[k]koinen**. [(d.l. linkaren).] Denna slägt har varit fordom på Elfdals östra skogar. En Matts Luuk[k]oinen upptog byn Luuk[k]ola (Lukvall) på Ny Sockens östra finnskog, men bygdefolket upbrände gården och dref honom bort. Det tyckes som hade samma slägt funnits på de vermländska vestra skogarne, efter Fernov känner den, och kallar den Lukas l.c.

Namnet Luukkoinen förekommer i Jockas, Sulkava, Puumala, St. Michel, Libelito, Kavi, Pyhäjärvi, Sordavala, Viborg, och i Slavanaka i Ingermanland, äfvensom_ i Petersburg. Bynamnet Luukkola anträffas i Puumala, St. Michel, Piexämäki och Suonenjoki.

129. **Makkoinen** [(d.l. latrinen).] En Göran Mattsson Makkoinen, som anges varit hemma från Savolax i Finland, har först upptagit byn Makkola (Quarnberg) å Orsa finnskog. _En annan benämd Johan Makkoinen, som äfven skall varit kommen från Finland, hade för 120 år sedan nedsatt sig med hustru och 2ne söner, i byn Viitala (Björnåsen) å Sverdsjö finnskog. Han skall hafva lefvat 102 år gammal. _Samma slägt skall och hafva bott vid sjön Hyn i Svärdsjö, på det ställe der Lingheds fäbodar nu stå. _Äfvensom den skall hafva upptagit det numera ödelagda stället Makkoisen autio, vid byn Saunoila (Vester-Mullkärn) i Östmark. För det närvarande finnes denna slägt förnämligast å Orsa finnskog, i Makola, Jämsä och närmaste byar. Fernov kallar denna slägt Macken l.c.

Namnet Makkoinen påträffas i Jockas, Kangasniemi, Kerimäki, Kuopio, Moaninga, Idensalmi, Nilsiä och_ i Petersburg. Byar med namnet Makkola finnas i Sulkava, Kerimäki, Kangasniemi, Kristina och Piexämäki.

130. **Mankinen**. [(d.l. gnällaren).] En hustru benämd Anna Pålsdotter Mankinen i byn Konkari (Kärnberget) å Ny Sockens Finnskog torde vara den enda som nu mera lefver af dena slägt. Annars vore jag mycket porterad för att tro det bynamnet Mangen, som förekommer på [flere ställen å] Finnskogarna, är deriverat af detta namn.

Slägtnamnet Mankinen anträffas i Siikajoki och i Frantsila; bynamnet Mankki i Valkeala och Mankola i Poavola kapell af Siikajoki socken.

131.[132.] **Manninen**. [(d.l. bjessen).] En Eskil Manninen upptar ungefär för 200 år sedan byn Laala (Flaten) å Nås Finnskog. _En Lars Mattsson M. upptager Akamäki (Kärringberg) [äfvenledes] i Nås. _En Matts M. hvilken skulle varit från Finland, upptager byn Homsjön i Mangskogs finmark. _En Hindrik M. från Slobyn, hade varit en kyrkobyggmästare. Han hade uppbyggt Mangskogs körka [och skulle] resa med sin hustru till Finland men stannar

79

under vägen i Stockholm, för att utföra någon kyrkoreparation. Faller ner ifrån kyrkmuren och bryter nacken af sig; Hvarefter hans hustru Annik[k]a vänder hem till Mangskog. _En Bengt Hindriksson M. säljer sin hytta i Bergslagen, och flyttar med sin mor från Djup Rämmen till Ratsjöberget å Fryksände östra finnskog, och det blir stamfar för alla de Mannisia som bo der ikring. _Antingen han, eller någon af hans slägt har upptagit Mannisen aho (Mannisbråten) här i gran[n]skapet. Det är några som vela påstå att namnen Mangen, Mangskog, m.m. skulle härledas sig af denna slägt, men det tyckes vara föga troligt. besynnerligen är det likväl, att på många finnskogar förekommer det namnet Mangen, utan att man vet någon origine [eller anledning] dertill. För det närvarande finns denna slägt i byarne Flaten å Nås Finnskog, i Ratsjöberget, Mörkerud, Snårberget, Pukbron, och Krokkärnsberg i Fryksände Finnskog; i Kalfskinsberg, Måshögden och Lillskogshögden i Östmarks finnskog. Fernow kände hvarken denna eller nästföregående slägten.

Det finska familjenamnet Manninen förekommer i Jockas, Jorois, Sulkava, Puumala, Kangasniemi, Kuopio, Idensalmi, Rautalampi, Jyväskylä, Kalajoki, Kihtelysvaara, Hirvensalmi och _i Petersburg [och St. Michel]. Mannila by finnes i Piexämäki, Vimpeli och Laihela.

133. **Martinen**. [(d.l. Mårten).] Denna slägt har förut bott i byn Norra Ängen å Gräsmarks Södra Finnskog; men ungefär för 90 år sedan lockades de af ett löfte att få flytta till Amerika. Men de sluppo ej längre än till Närke. Emedlertid hade de fått sina hemman. En del af dem flyttade öfver till finland, en del drogo sig åt de Norrske gränsorne. _En Anders Jacobsson M. från Norra Ängen [beger] sig jämte några andra härifrån till Runsjön å Östmark. _Någon annan af denna slägt lärer emedlertid hafva upptagit byn Mar[t]tila (Halfvarstorp) i Östmark. [Johan Olsen M. upptager Puukaula (Kavelåsen) [äfven] i Östmark.] För det närvarande finnes denna slägt i byarna Nässkog å Gräsmarks

Finnskog, Ärnsjön, Rusala (Rosastorp), Puukaula, Mar[t]tila, Sipilä (Gåskärn), Kaikelaisestorpet, Helsjön, Holland, Hepomäki (Hästberg) i Östmarks finnskog, och i Koarlola å Grue finnskog. Fernow kände ej till namnet.

Marttinen är ett namn som man träffar i Jockas, Kristina, St. Michel, Kangasniemi, Hirvensalmi, Heinäjoki och Jyväskylä; och Marttila i Mäntyharju, Vesilax, Muhois och Kauvatsa kapell af Hvittis socken. Marttila är äfven det finska namnet på St. Mårtens socken.

132. [130.] **Mammoinen.** [(d.l. mammasmulan).] Denna slägt skall först hafva upptagit byn Mammola (Spättungen) å Fryksände Finnskog. Numera träffas den i byarne Suurestorpa (Soranstorp), Karjasilta (Fäbroarna), Remestorpet och Buskarne å Gräsmarks finnskog. _Fernov skrifver ordet Mammen l.c.

145 [135.] **Mänkiläinen.** [(d.l. kryparen)] Denna slägt finnes numera icke. Ej heller har man andra bevis derpå att den fordom funnits, än några bynamn som tyckes vittna derom, t.ex. Mängälanstorpet och Mängkroken å Brandvolds finnskog, Mängen och Mängenjoki (Mängåa) å Vingers finnskog. Namnet Mangen å de Svenska finnskogarna tyckes härmed stå i nära förbindelse. Fernov uptager äfven en finsk slägt, under namn af Mengelan l.c.

134. **Matilainen.** [(d.l. larmaren).] En Paul Person Matilainen upptager j[e]mte sin far, byn Matila (Nybofjäll) i Äppelbo finnskog. Någon annan, af samma slägt, har förmodeligen upptagit stället Matilais aho nära Vestra Näsberget i Ny Socken. Utom de afkomlingar häraf som träffas å Finnskogarne i Vesterdalarne, befinnes en afkomling deraf å de vestra Finnskogarne, n[e}mligen bondens Per Jonson Oraises hustru i

Mortila (Ormhöiden) å Fryksände Finnskog, hvilken heter Kari[n] Olsdotter Matilainen. Namnet var för Fernow obekant.

Matilainen är ett namn som förekommer i Jockas, Kristina, [St. Michel, Idensalmi] Piexämäki, Kuopio, Rautalampi, Pielavesi, Pihtipudas, Ilomants och _i Petersburg; Matila by finnes i Jockas, [Hankasalmi m.fl. st.]. Särskilda nam är Matikainen, Matiskainen, Matinen och Matainen, äfvensom Mattilainen, Mattinen, m.fl.

135. [136.] **Mehtoinen**. [(d.l. tjädertuppen).] En Mehtoinen upptager först Östra Kymmen eller Kymsberg å Gräsmarks finnskog. En af hans efterkommande benäm[n]d Matts Isaksson Mehtoinen, byter för något mer än 100 år sedan egendom med Brukspatron Hervey, som här anlägger bruk, sedan han gifvit åt finnen Kallaslampi (Rintetorp), [ett] finnetorp till hvilket han på något sätt, hade kommit sig [till]. Härifrån kommo sedan de från Kymsberg bortvikna Mehtoiser att flytta till Vestra Kymmen der det ännu finnes af dem afkomlingar, äfven som i byarne Homsjön, Timbonäs, och Kammoisenmäki å samma skogar. _Det var nog att ej Fernov kände denna slägt, som af alla bor närmast allmänna Landsvägen.

136 [137] **Millominen**. [(d.l. hurubeskaffade)] Denna slägt är en utgrening af den stora Hämäläiseska famillen, uppkommen derigenom att den härstämmar från byn Millomi (Norra Åskaberget) i Östmark. Slägten träffas numera i byarne: Mar[t]tila (Halfvardstorpet), Millomi, Södr. Åskaberget, Rusala (Rosastorpet) och Kampbacken å Östmarks Finnskog, samt i Kärmemäki (Ormberget) å Branvolds, och i Samulinkankas (Rottnemoen) å Grue finnskog. Fernov omnämner den icke.

137 [138.] **Minkinen**. [(d.l. hvadfören).] Denna slägt skall vara en af de äldsta i Finnskogarne, men numera nästan utgången. En Markus Minkinen upptog aldra först, och långt före Kuikka och

Honkainen, byn Borangen å Dalby Finnskog. Samma slägt träffas ännu i byn Galåsen å Dalby finnskog. [Arrelius omnämner en Paul och en Anders Mink, hvilka, födda i Sverige, år 1693 voro bosatta i Norra Amerika, och troligen bördige af denna slägt]. Fernov kände den icke.

Namnet Minkinen finnes i Rautalampi och byn Minkilä i Kristina.

139. [138] [139.] **Moilainen**. [(d.l. slätkammade).] En Moilainen upptager för andra gången byn Bondtorp, eller som det efter honom sedan blef kalladt Moilainstorp, å Gräsmarks finnskog, sedan ett ströfparti Norrmän mördat de förre åboerne och stuckit deras gård i brand. _En Anders Olsen M. från Moilainstorpet upptager först byn Runsjön å Östmarks finnskog. _Den gamla Hei[k]ki Moilainen från Runsjön, var i sällskap med Juppo eller Joseph Häkkinen, från Saunoila, uprest till Lappmarken, för att lära sig trolla. _En annan benämd Anders Moilainen, från Runsjön, upptager först byn Sorkalammi (Sorkkärn) å Östmarks finnskog. Hans bror Olof begick ett mord, och nödgades rymma öfver till Norrige. Och förmodeligen lärer det varit han som upptog byn Moilainstorp i Vinger. På samma sätt måste byarne Moilainstorpet (Strutstorpet) i Gunnarskog, och Haukala (Moilainstorpet) i Gräsmark, vara uptagne af denna slägt. _För det närvarande träffas slägten i byarne Pyörlamminaho (Trindkärnsbråten), Moilaisinstorp[p]a (Strutstorp), Huotari (Hotarstorp) och Raivio (Rönningen) å Gunnarskogs finnskog; i Karttula (Karttorpet) och Norra Lekvattnet å Fryksände Finnskog; i Runsjön, Mustamäki (Svarthultsberg), Sorkalampi (Sorkkärn) och Glekärn å Östmarks Finnskog. Fernov benämner slägten Mojlan.

Namnet Moilanen påträffas i Jockas, Piexämäki, Kangasniemi, Rautalampi, Idensalmi, Ruskeala, Sordavala och _i Petersburg; Moilala by fins i Haukivuori socken.

138 [140.] **Moijoinen** eller **Moijainen**. [(d.l. puttraren).] För 90 eller 100 år sedan hafva tre bröder af denna slägt ankommit på de vestra Finnskogarne, hvilka skulle varit hemma från Finland. N[e]mligen Sigfrid Moijoinen, som upptog [byn] Öijeberget å Ny Sockens Finnskog, Pekka, som sedan upptog [byn] Högåsen, hvilken bygdefolket för honom uppbrände, då han med hustru var utgången i skogen och barnen ensamt l[e]mnade hemma; samt Niki som nedsatte sig i Flatåsen. Nils hade en son som kallades Reito (Grels) hvars afkomlingar sedan fick tillnamnet Reituja och af dess söner var en benämd Matts Grelsson Reituinen, som först upptog Gillerberget, och hvars efterkommande, för att skiljas från de andra, blefvo [(med anledning deraf)] kallade Killeriloita. _En gammal gubbe benämd Lars Sigfridsson Moijainen från byn Öijeberget å Ny Sockens finnskog, följde såsom deputerad för Ny sockens Finnar, med den finska Deputationen till Stockholm, om våren 1823. _Denna slägt måste från längre tider tilbaka, äfven hafva funnits å Helsinge Finnskogar, och der förmodligen först upptagit byn Moijala (Sniptorp) å Bjursåkers Finnskog, dess afkomlingar torde ännu finnas å stället. [Ja kanske torde äfven byn Moisjön å Finmarken i Åmot Kapell i Helsingeland härleda sitt namn af denna finnfamilj.] För det närvarande träffas slägten å de vestra finnskogarne, i byarna: Puaalala (Tysktorp), Björkåsen och Pukbron å Fryksände Finnskog; _i Konkari (Kärnberget), Öijeberget, Flatåsen, Monkamäki (Mangslidberget), Gillerberget, Vaisila (Norra Viggen), Palomäki (Igelsjöberget), Tutperi (Tokärnsberget) å Ny Sockens finnskog; samt i Kymölä (Afvundsåsen), Ullila (Lia) och Sätermäki (Sätterberget) å Dalby finskog. Det är förmodeligen denna slägt Fernov menar med namnet Majnen .l.c.

_{Mojoinen är ett namn som mig veterligen endast torde förekomma i Ruskeala socken.}

140. **Muhoinen.** [(d.l. mysaren)] En Clemens Muhoinen upptager först den gård i byn Aspberg å Dalby finnskog, som än efter honom kallas Klemetti. Han torde varit kommen från Finnskogarne i Vesterdalen, och blef stamfader för alla de Muhoiser som nu finnas å dessa skogar. Han har blifvit af Svenskarne i gamla do[k]umenter, kallad Clemens Mohell. Denna slägt har fordom bott i byarne Milsjöheden å Malungs finnskog, Voahermäki (Stora Lönnhöjden) å R[e]mmens Finnskog, Rynkä (Kroktorpet) å Järna finnskog med fler städes å dessa skogar, hvarest ännu afkomlingar deraf torde stå att träffas. Å de vestra Finnskogarna träffas den förnämligast i byarne Aspberget, Pitkäsuvanto (Långflod), Saunanuppi (Bastuknoppen), Haavila (Aven), Höljyxenmäki (Uggelheden), Vattaho (Ersberg), Honkahalme (Furuåsen), Rajaho (Rådelsbråten), Lenserud (eller Haalsjön), Höljys, Skåråhon, å Dalby finnskog, _i Haalintorp[p]a (Halsjötorp) och Haukamäki (Höksjöberget) å Aasnaes Finnskog _i Flagen och Risberget å Vaalers finnskog; Samt har förmodligen förut äfven funnits i Hoffs finnskog, der ett öde ställe ännu heter Muhoisen autio. Fernov tyckes ej hafva känt denna slägt.

Namnet Muhoinen anträffas i Pihtipudas, Kerimäki, Karstula, Sääminga, [Pelyjärvi] och _i Petersburg.

141 [148.] **Mujuinen.** [(d.l. surmulne).] Denna slägt har förut bott i byn Bringsjöberget å Gränjes finnskog i Vester Dalarne. Vidare derom känner man numera derom icke. Namnet kände icke Fernow.

Mujunen är ett namn som förekommer i Ilomanto, Impilax och Joensuu, äfven i Kihtelysvaara och _i Petersburg.

142 [143.] **Mulikka.** [(d.l. stuten).] Denna slägt har först upptagit byn Mulikkala (Våhlberg) å Grue Finnskog, i Norrige, och sedan derifrån spridt sig ut, i synnerhet på den norrska sidan. Den träffas nu i byarne Mulikkala, Körksjöberget, Norra Åskeberget,

Frysjöberget, Kalnäset, Aho (Braaden), Lindtorpet, Räisälä (Löfhaugen) och Helkamäki (Helgeberget) å Grue finnskog. _i Salmi (Boldnäset), Jammerdalen och Grasberget å Brandvolds Finnskog. _i Sparkberg å Östmarks finnskog, i Kinsjön å Dalby Finnskog, och i Nygaarden å Vingers finnskog. _[En Erik Mo[l]licka (troligen af denna slägt) född i Sverige; fanns 1693 bosatt i norra Amerika, enligt Aurelius. Och en annan med samma namn, var den enda af de fyra finnar hvilka vid en stockeld om natten lönnligen öfverföllos af Svenskarne [från Höljes by] vid sjön Dypen å Dalby finnskog; och hvarvid de tvenne andra blefvo slagtade i d.s.k. "Slagtaredalen". En tilldragelse som Finnarne sökt bibehålla i minnet medelst följande i versform digtade ordstäf: Pennoa peitettiin, Tahvoa tapettiin, Mulikka mukatsiin, d.v.s. Penna, betäckte man, Staffan, så slagtade man, Mulikka, smög sig undan,]. Slägten var icke känd af Fernov.

Icke detta namn, men väl slägtnamnet Mulikkainen finnes i Piexämäki, och Mulli i Jockas, samt Mullo i Storkyro.

143 [144.] **Multiainen.** [(d.l. mullgräfvaren).] Stamstället för denna slägt är obekant, men, för det närvarande träffas den i byn Skallbäcken å Dalby Finnskog, samt i Havukota (Barrsjulet) å Brandvolds finnskog, och i Nytorp (Koarlola) och Sarvimäki (Halfarkärnstorp) å Grue Finnskog. _Monne det kan vara denna slägt som Fernov kallar Mollar? ty den följande kunde han omöjligen känna _

[Namnet] Multainen [skall förekomma i] Tohmajärvi; och Multia är ett kapell under Keuru socken.

144 [145.] **Myllärinen.** [(d.l. ihopfösaren).] Denna slägt har fordom bott på ett ställe beläget 1. fjerndedels mil i vester, från byn Vilhula (Digellia) å Nås finnskog, men blef af Svenskarne bortdrifvna och platsen ödelagd. Fernow skrifver Mullar.

Tillnamnet Myllärinen förekommer i Jockas och Impilax, Mylläri i Pyhäjärvi; Myllyinen i Pihtipudas, Karttula, Idensalmi, Viborg och Jakimvaara; Mylly i Frantsila, Myllylä i Kalajoki och Ruovesi, och Myllys i Nykyrka och Petersburg.

146 **Navilainen**, [(d.l. lättsinniga)] var ifrån denna slägt egenteligen spridt sig ut vet man icker, men nu träffas den i byarne: Rottnaberget, Björnsjön, Skassberget och Orala (Svartberget) i Grue Socken; samt i byn Ryökä i Hoffs Socken, och i Storberget och Hujula (Hujatorpet) i Aasnäs finnskog. Finnes således icke på Svenska sidan. Fernov upptager likväl den, såsom finnandes i Vermland, under namn af Novelan.

147. [150.] **Neuvoinen**. [(d.l. rådgifvaren)] Denna slägt, har förmodeligen först uptagit byn Neuvola (Bjurberget) å Dalby finnskog. Finnes numera der icke, men deremot i byarne: Björnsviken, Kalfskinsberget, Björnkärnshögden, å Östmarks finnskog, _i Monkamäki (Mangslidsberget) och Vaisila (Norra Viggen) å Ny Sockens finskog, _i Elgsjön å Dalby Finnskog _i Öijern, Lehtomäki (Fensjön) och Salmi (Boldnäset) å Bran[d]volds finnskog _i Kynäggen å Aasnaes Finnskog. Slägten tyckes varit för Fernov okänd.

Slägtnamnet Neuvinen är kändt och begagnas i Rautalampi, Sordavala, Impilax, Vibor och i St. Michel; [i Jaakimvaara och _i Petersburg.] Neuvola by finnes i Piexämäki, och Neuvoisenmäki i Impilax socken.

155 [149.] **Näperöinen** [(d.l. kniparen).] Af denna slägt finnes ej mera öfrigt än en flicka benämd Karin Jansdotter Näpäröinen, som år 1821. tjenade i byn Södr. Lekvattnet å Fryksände Finnskog. Fernov uptager icke slägten._

Slägtnamnet Näppi i Wiborgs socken tyckes på långt håll vara härmed beslägtadt.

156 [147.] **Närhi**. [(d.l. nötskrikan)] Bonden Olof Olofson Närhi, i byn Norra Lekvattnet i Fryksände, är den enda man numera känner med detta namn. Fernov nämner den icke.

Familjenamnet Närhi påträffar man i Jockas, Kristina, Rautalampi och Pihtipudas. Bynamnet Närhilä förekommer i Kristina socken.

157 [148.] **Närkiläinen**. [(d.l. snarstukna)] Denna slägt är en utgrening af slägten [Kavalainen] [Soikainen överstruken] (Se dess genealogie), och finnes i byarne Kaivalampi (Brunkindsberget) i Brandvolds finnskog, ditkommen [förmodeligen] ifrån byn Närkilä [(Närkelainstorpet) under Bogen] i Gunnarskogs Finmark. Några hafva velat gissa att detta namn sedan blifvit förvandlat för lättare uttals skull till Pärkiläinen, och att således denna slägt vore upkommen af den förra. Vi anse det mindre troligt, och det på flere skäl [snarare anse vi, i detta fall, namnet deriveradt af ordet nerke eller nerike, och att Närkiläinen egentligen betecknar en nerkesbo.] Fernov kallar denna slägt Nerkelan.

150 [153.] **Norilainen**. [(d.l. norrmannen).] Denna slägt härstammar af Hämäläiska slägten, på möderne, och på Fädernet af en norrman. Händelsen dermed är följande. Vid ett ströftåg som Finnarne från södra ändan af Gräsmarks skogar, fordom hade gjort i Norrige, och sådana gjordes den tiden ofta, i afsigt att få plundra och härja, eller hämnas lidna oförrätter, så hade de från Hedmarken med sig fört en [norrsk] gosse om 14 år, [gammal benämd Hans Olsen] för att hemdrifva de bortröfvade hjordarna, hvilka tilsammantagne skulle hafva utgjort vid pass 300 kor. Efter andras berättelser skulle de hafva tagit honom altfrån Gulbrandsdalen, från en by som hetat Berg i en socken benämd Biri - (om någon sådan n.s. finnes?) Den gamla finnen Joseph Hämäläinen i Tiskarekärn [tog denna gosse i sin tjenst], han tjente hos honom länge [och] blef i språk och seder en fullkomlig Finne.

_Och då Hämäläinen ej kunde förmå sina söner att quarstanna på hemmanet, hvilka å andra skogar ville försöka sin lycka, så bortgifte han på sin höga ålderdom, sin enda doter Cajsa Josephsdotter med denna norrman, hvilket skedde 1649; [och] hvilken med henne fick gården och hemmanet. Deras efterkommande kallades Norilaisia för det de hade en norrman till fader, de bebo nu större delen af kringliggande byar, såsom Tiskarekärn, Borrsjön, Gräshöjden m.fl. samt dessutom Luskala (Lusketorp) å Gräsmarks norra finnskog, samt Myllylä (Quarntorp) och Norra Lekvattnet å Fryksände finnskog. Det berättas att [en lång tid därefter] då norrmännen, vid ett tilfälle, - utöfvade [r]epressalier å Finnskogarna, [de] af denna orsak skonat Tiskarekärn, då de plundrat de andra byarne. Fernov tyckes med ordet Morjelan hafva velat [utmärka] denna slägt.

Norola by, i St. Michels socken, har således ingenting att beskaffa med denna slägt.

148 [154.] **Nikarainen**. [(d.l. vattenfallet).] En Nikarainen kommer med några andra finnar ifrån Finland, och nedsätter sig i Säfsen å Vester Dalarne hvarest Nikarainen, i hop med en Honkainen, först upptager byn Hån. Han hade lefvat till ofantelig gammal, och omtalas såsom ej altid [stadd] vid ett riktigt sinnelag, så t.ex. lät han ofta sina sveder stå oskördade till andra året. Han hemsände härifrån sin måg Paul Kinnuinen till Finland, och lät derifrån kalla hans bröder hit i stället. _En Samuel N. kommer att begå ett dråp, och rymmer från Ärnsjön i Östmark, till Norrige och tros der hafva upptagit byn Orala (Orainstorpet) i Vinger. [En Anders Andersson N. från Kähkölä upptager Runsjön för andra gången.] _En Erik N. bor på Stranda vid Timbonäs, är 70 år gammal, och känd för tr[o]lldom. _Denna slägt bor för det närvarande i byarne Mustapuro (Svartbäcken), Karttula (Karttorpet) å Fryks[ände] Finnskog, _i Runsjön, Mustamäki (Svarthultsberg och Fäbacken, Bastvål å Östmarks Finnskog _i

89

Lehtomäki (fennsjön) Lindberget och Stenrodberget å Brandvolds finskog.
Fernov kallar denna slägt Nikran.

149 [158.] Nikkarinen. [(d.l. snyftaren).] Man förmodar att någon af denna slägt upptagit byn Nikkarila (Makkarkärn) å Dalby finnskog så framt den ej af annan orsak fått ett sådant namn._

[Namnet] Nikkarinen [anträffas] i Idensalmi och i Slavanka i Ingermanland; samt Nikkarila by i Piexämäki.

151 [154.] Nuotinen. [(d.l. brudslägtingen).] En Knut Knutsson Nuotinen från Finland skall uptagit byn Hamra i Orsa Finmark, slägten träffas i byn Lehtomäki å samma [finn]skog. Troligen är det denna slägt Fernow kallar Natan.

Namnet Nuutinen som förekommer i Juuga, Kontiolax, och _i Petersburg [är troligen] icke härmed befryndadt.

152 [155.] Nuualainen. [(d.l. utmattade).] En [Anders] Markusson Nuualainen kommer från Gestrikelands Finnskogar, och gifter sig med Annik[k]a Thomasdotter Pennainen i Ratsjöberget å Fryksände Finnskog samt blir här stamfar för alla, af det namnet, å dessa skogar. För det närvarande finnes de i synnerhet i byarne Ratsjöberget, Holta (Svarthultet) och Snårberget å Fryksände Finnskog samt i Måshögden och Björnkärnshögden å Östmarks finskog, och i Rämälä (Degerberget) å Ny Sockens finnskog.

Man vet icke om det är denna, eller slägten Navelainen som Fernov kallar Novelan.

I Pielisjärvi Socken förekommer slägtnamnet Nuuvalainen.

153 [156.] **Nykäinen** [(d.l. nafsaren).] Michel Sigfridsson Nykäinen kommer från Hästberget å Helsinge finnskogarne (förmodeligen från det i Järfsjö Socken) och nedsätter sig i Lehtomäki i Orsa, gick ut som soldat i Carl den 12tes krig och omkom med största delen af Finska armén år 1718, då de i strängaste vintern blefvo kommenderade att öfver Dovrefjällen rycka in i Vermland.

Man påträffar namnet Nykäinen i socknarne Jockas, Sulkava, Piexämäki Kangasniemi, Idensalmi, Juuga, Pelkjärvi, Pielisjärvi, Kides, Kaavi, och _i Petersburg: Nykälä by finnes i Piexämäki och i Haukivuori Socken.

154 [157.] **Nyröinen**. [(d.l. marraren).] Denna slägt har först upptagit Nyröla (Näfveråsen) en by i Nås finskog, hvarifrån de sedan utspridt sig vidare. Samma slägt träffas äfven i byn Sandsjön å Orsa Finnskog i Öster Dalarne.

Slägten Nyröinen finnes i Laukas, och Saarijärvi, men Nyrhinen i Seäminge och Niiroinen i St. Michel.

157. [156] [159.] **Ollilainen** [(d.l. Olofsgossen).] Detta namn förekommer i byn Kivaho (Stenbraden) i Vinger Finnskog, och tyckes hafva samma uprinnelse som namnen Eskoinen, Reituinen, m.fl., d.v.s. förvanlade tillnamn efter något visst i slägten förekommande förnamn.

I Puumala socken [äfvensom i Nurmis Storkyro, Yläjärvi, Laitiala och Kempälä] finnes en by benämnd Ollila till ett bevis att denna slägt, eller ock namnet Ollinen [eller en Olli (Olof)] fordom funnits der, hvaremot namnet Ollikainen förekommer i Jockas, Kristina, Piexämäki, Idensalmi, Nilsiä, och _i Petersburg; samt Ollikala by i Jockas, Mäntyharju och Idensalmi.

156 [158.] **Oinoinen** [(d.l. gumsen).] En Ojnoinen - man vet ej hvarifrån, har upptagit byn Ojnola eller Juhola (Östra Mullkärn) i Östmark, och tyckes sedan hafva utspridt sin slägt, nästan

öfveralt i granskapet; Ty nu träffas denna i byarna Oinola, Kaupila (Kapestorp), Bastvål, Kalfskinsberg, Kaikelainstorp, Saunoila (Vestr. Mullkärn), Holland, Hepomäki (Hästberg), Rumamäki (Tvärberg), Männymäki (Tallberg), Måsahöjden, Björnkärnshögden, Lillskogshöjden, å Östmarks Finnskog _i Stensgårds utskog och Snårberget å Fryksände finnskog _i Konkari (Kärnberget) å Ny Sockens finnskog _i Elgsjön, Fallet, Nikkarila (Makkarkärn), Skallbäcken, Vilhula (Skrockarberget) å Dalby Finnskog. i Öijern, Salmi (Boldnäset) Arvetorpet å Branvålds finnskog, i Räisälä (Löfhaugen) å Grue Finnskog och i Ryökä (Röuken) å Hoffs Finnskog. _Fernov kallar den Ojnen l.c.

Namnet Oinonen förekommer i Jockas, Sulkava, Kuopio och Pielis [samt _i Petersburg] och Oinanen i Rantasalmi; Oinola by finnes i Jockas men Oinala i Rengo [och i Mola].

158 [160.] **Orainen** [(d.l. borraren).] Första stamstället för denna vidtspridda slägt, lärer vara svårt att säga, ej heller om det bör sökas på Norrska eller Svenska sidan. Om ej denna slägt först upptagit, så har den likväl för längre tid tillbaka bebott och ännu bebor byn Orala (Orainstorp) å Vinger finskog. Händelsen är den samma med byarne Orala (Svartberg) å Grue finnskog, och Orala (Orrtorp) å Gräsmarks Finnskog, hvilka förmodeligen af denna slägt äro upptagne, och efter den samme benämde. För det närvarande träffas denna slägt i byarne Vasikkamäki (Kalfhöjden), Timbonäs, Orrtorpet, Örtkärnstorp, Långhindrikstorp, Luskala/Lusketorp, Pyntälä (Pyntetorp), [Puupola (Popetorpet)] å Gräsmarks Finnskogar _i Myllylä (Quarntorp), Mortila (Ormhöjden), Sarvilampi (Hornkärnstorp), Haikola (Bredsjön), Puontila (Pyntetorp), Norra Lekvattnet, Mörkerud, Mangen, å Fryksände Finnskogar _i Värälinpiää (Varaldsänden) å Gunnarskogs finnskog _i Runsjön, Eriksberg, Fäbacken, Sandsjöberg, å Östmarks Finnskog, _i Viikero, Ullala (Svartberg), Orala (Oranstorp) å Vingers Finnskog _i Naimaho (Trolofsbrännan), Vemo (Fenmoen) å Brandvolds finnskog _i

Rottnaberget, Tvengsberget, Koarlola (Carlstorpet) och Hyytiälä (Hyytianstorpet) å Grue finnskog [Medelst skrifvelse af d. 1 juli 1822 till K. Vermländska Hushållningssällskapet, rekommenderade jag tvenne medlemmar af denna slägt, nemligen bönderna Nils Nilsson Orainen i byn Norra Lekvattnet och Erik Nilsson Orainen i Södra Lekvattnet i Fryksände socken till belöning för deras odlingsföretag.]. Fernov kallar slägten Orran l.c.

Äfven denna slägt finnes i Jockas, Kangasniemi, Rautalampi, Idensalmi och Nilsiä, och Orrain i Petersburg; Oroila by i Kangasniemi.

159 [161.] **Oravainen**. [(d.l. ekorren).] Denna slägt torde vara utgången så när som på torparen Halsten Thomasson Oravainen i Hvitkärn å Östmarks Finnskog.

Slägtnamnet Oravainen förekommer i Walkiala, Hattula och Kuopio, namnet Orava i Kristina, Rautalampi och Kivijärvi och Pielavesi; byn Orava i Jääskis, och Oravakangas.

160 [163.] **Paljakkainen** [(d.l. skidan).] Detta har förmodeligen varit namnet på en slägt, som upptagit byn Paljakka (Kårpåsen) på Hassela Sockens finnskog i Helsingeland.

Namnet Paljakka anträffas i Ithis och i Kivinebb; i Nurmis finnes ett ställe benämndt Paljakkan autio.

161 [164.] **Pasainen**. [(d.l. hväsnaren).] En Pasainen, känd under namn af Ivarin Pekka, hemma från Pasala by i Finland, skall för långliga tider sedan upptagit byn Milsjöheden i Malungs Finnskog. _En Ivar Ivarson Pasainen, från Milsjöheden, upptager först Axsjön, och sedan Tyngsjön, af hvilken större delen af innevånarne i denna by härstammar. _En Matts Ivarson P. från Milsjöheden, upptager först byn Velijärvi (Milsjön) . Angående Milsjön är en folkberättelse, att den byn under ägarnes frånvaro

blifvit plundrad och uppbränd af Svenskarne, men att [finnarne] icke dess mindre uppbyggt den å nyo. Då det skall händt att flere kända missväxtår infallit, hvarunder folket i denna by omkommit af hunger. Så att man åter efter en längre tid, inträdde i deras stugor, fan[n] man blott öfveral[l]t förmultnade kroppar ligga på bord och bänkar. _En Lars Pasainen, hvilken äfven borde varit kommen från Finland, upptager byn Siikala (Quarnberg) i Sefsen, för ungefär 300 år sedan. Dock tros det att stället redan förut varit bebodt. _En Lars P. från Quarnberg, upptager Tygn i Sefsen vid pass 1580 [byarne Pa[s]sula (Varaldsbacken) å Vingers finnskog och Pasotorp, vester om Brandvolds körka äro troligen upptagne af denna slägt, (eller ock må hända af slägten Poasoinen?) der bor åtminstone ännu en med namnet Johan Pasainen äfven byn Pasula (Björnmåsen) å Finnmarken i Åmot kapell i Helsingeland bär vittne om denna slägt]. _Denna slägt finnes för det närvarande i Flatberget å Nås finnskog, i Norra Löfberget å Grue finnskog. Der bor ännu en Johan Pasainen. Detta namn [är, bland 114 finska familjenamn,] det enda hvilket Fernov utskrifvit med ricktiga karakterer ty äfven han benämner slägten till _Pasainen.

Pasainen är ett namn som förekommer i Jockas, Kristina, Sulkava, Puumala, Kuopio, Rautalampi, Nilsiä och Idensalmi och bör ej förblandas med Paasoinen, som anträffas i Jockas, St. Michel och Sordavala. Byn Pasalanmäki finnes i Leppävirta.

194 [165.] **Päkkinen**. [(d.l. stångaren).] En Matts P. flyttar från Vermlands Finnskogar till byn Fågelsjön å Mora finnskogar och gifter sig der med en Tossavaisies doter. Rycktet gick att han fått detta namn derigenom, att hans mor födt honom å oäkta säng med en handelsman Bäck [Byn Röbacken å finmarken i Åmot kapell i Helsingeland, heter på finska Säkkilä, hvilket bevisa motsatsen].

Denna familj torde således icke vara beslägtad med namnet Päkki i Säkkijärvi, än mindre med Pääkköinen som förekommer i flere socknar eller med Pääkkö i Liminga.

195 [166.] **Pälläinen.** [(d.l. vielfrassen)] Denna slägt måtte hafva haft sitt stamhåll å Vaalers och Elfverums Finnskogar. Emedan en Danjel Pälläinen från byn Risberget derstädes kom och nedsatte sig i byn Öijern å Brandvolds finnskog, vid pass för 200 år sedan. Hans efterkommande blefvo bortdrifna härifrån av Peder Anker, som sedan hof sig till ägare af dessa skogar.

Detta namn skall förekomma Kides och Libelits; Pällilä by finnes i Jockas, Puumala och Seäminge. Namnet bör ej förblandas med Pöllöinen som anträffas i flere socknar.

196 [167.] **Pärkiläinen.** [(d.l. skramlaren)] Af denna slägt träffas afkomlingar i byarna Karttula (Karttorp) och Norra Lekvattnet å Fryksände finnskog _i Stensgårds utskog och Sparkberg å Östmarks finnskog, samt i Jaakola (Måsvattnet) å Brandvolds finskog. (Jämför slägten Närkiläinen). [Fernow benämner slägten Porkelan.]

Enligt uppgift skall namnet Pärkkinen förekomma i Kontiolax socken.

197. [168.] **Päykkäinen.** [(d.l. larmaren).] Denna slägt har först upptagit byn Rottnaberget å Grue finnskog; bor för det närvarande i byarna Kusetinmäki (Quässetberget) å Hoffs Finnskog.

I Sulkava, [St. Michel] och Puumala socknar anträffas slägtnamnet Päukkäinen som ej bör förvexlas med Pääkköinen, hvilket befinnes i Rautalampi, Maaninga, Idensalmi, Jaakimvaara, Kontiolax, Kuhmois, och i Uleåborg och Petersburg.

162 [169.] **Pennainen**. [**Pennalainen**] eller **Penna** [d.l. hvalpen] som slägten och stundom kallas. Thomas Mattsson Pennainen från Ragvaldskärn i Gräsmark, gifter sig med gamla Häckises dotter i Rattsjöberget, och är stamfar för denna slägt derstädes. Dock skall nu Per Larsson P. redan bott i byn Mangen [eller] der nära intill, för än Hindrik Tarvainen dit anlände. _En Olof Person P. från Mangen i fryksände finnskog flyttar till Norrige, och upptager Norra Lystaberget å Brandvolds finnskog; hvilket ställe väl [förut] varit upptagit af andra finnar, men ödelagt. _En Nils Pennainen upptog först byn Ronkala (Kölaråsen) å Nås Finnskog, men sålde det åt en Matts Mattsson Ronkainen ifrån Norrige, och flyttade sjelf, man viste ej hvart. Förmodeligen är det denna slägt, som upptagit Pennala (Bengtstorpet) å Gunnarskogs finnskog och Pennalaisentorp[p]a under Södra Lekvattnet å Fryksände finnskog. _För det närvarande bor denna slägt i byarna Ratsjöberget, Holta (Svarthult), Krokkärnsberg, Quarntorp å fryxände finnskog _i Juskastomta och Kivitorpa (Stentorp) å Gunnarskogs Finnskog _i Lystaberget å Brandvolds finnskog. [En [med namnet] Pennanen befann sig i bland dem, som af Svenskarne, försåtligen blefvo mördade vid sjön Dypen (jmf. Mulikka).]

Fernov kallar slägten Penn.

Namnet Pennainen träffar man i Jockas, Maaninga, Idensalmi, Pielis, Mola, Libelito, [Kides, Kesälax,] Ilomanta, Sordavala, och _i Petersburg; Pennonen i Rautus.

163 [170.] **Pen[t]tinen** [(d.l. hvalpen).] en Johan Staffanson Pentinen från Finland tros af några varit den som först upptagit byn Tikkala (Bocksjön) å Sverdsjö finnskog _åtminstone har han varit en ibland de första åboerna derstädes. Vidare känner man ej af denna slägt.

Finnar som heta Penttinen träffas i Jockas, St. Michel, Kangasniemi, Rautalampi, Viborg, Räisälä [namnet skrifves af några äfven Bengtinen], och

Eno, Penttilä, i Ilmajoki, Vehmo, Pyttia, Uleåborg och _i Petersburg.
Penttilälax by i Pielavesi.

164. [171.] **Penti[k]käinen** [(d.l. hvalpungen).] [hv]arest denna slägt först nedsatt sig är obekant, men nu finnes den i byarna Rattsjöberget, Holta (Svarthultet), Murtomäki (Våhlberget), Snårberget, Bastvålen å Fryksände Finnskog _i Bastvålen och Tallberget å Östmarks finnskog _i Fielanmäki (Löfåsen), Kärmemäki (Ormberget), Stenrikberget, Jammerdalen, [Skassdammen], Eksätran å Brandvolds Finnskog _i Rottnaberget, och Kalnäset å Finnskog _i Varmundsmoen å Aasnaes Finnskog.
Fernov skrifver Penticken.

Slägtnamnet Pentikkäinen finner man i Kuopio, Nilsiä, Lempala, Ruskeala, Kivinebb och _i Petersburg.

165. [172.] **Perhoinen**, [(d.l. fjäriln).] Afkomlingar af denna slägt bo i Puontila (Pyntetorp) å Fryksände Finnskog och i Pekkotomta å Gräsmarks finnskog. Fernov har ej känt denna slägt.

Väl förekommer slägtnamnet Perho i Urdiala, men ingenstädes har jag funnit Perhoinen.

166 [173.] **Perviläinen**. Vi veta icke, men förmoda, att denna slägt först upptagit byn Pervilä (Ösjötorp) i Gräsmark, Fernov nämner icke den.

167. [174.] **Petolainen**. [(d.l. vild[hje]rnan)] Denna slägt träffas ännu i byarna Puontila (Pyntetorp) i Fryksände, i Luskala (Lusketorp) i Gräsmark och i Kivitorpa (Stentorp) i Gunnarskog. _Månne det kan vara denna slägt Fernov benämner för Pättel? Denna slägt har bott i Kyrkskogen, och nyligen upptagit Petolaisen torppa under Mammola i Fryksände.

169. [176.] **Piesainen**. [(d.l. olycksfågeln)] Den slägt som för det närvarande bär detta namn, är en afgrening af Veteläiska famillen, och har erhållit denna benämning derföre att de härstamma från byn Piesala (Peistorpet) å Aasnæs finnskog. Men det tyckes mycket troligt, att den slägt som först upptog denna by hetat Piesainen ehuru deraf nu mera inga spår finnas öfrigt, i synnerhet sedan de Ankerska Finnmarkerne, så här som annorstädes å finnskogarne, utdrefvo de förra innehafvarna af hemmanen, och insatte nya. De nu så kallade Piesaisia bo i byarna Piesala, Kankas (Peistorpsmoen), Pakkola (Backen), Södra Vermunden, m.fl.st. å Aasnæs finnskogar. samt i Murtomäki (Våhlberg), Vilhula (Skrockarberget) och Medskogen å Dalby finnskog.

Det kan väl icke [gerna] vara denna slägt, som Fernov kallar Piersen?

168 [175.] **P[e]äriläinen**. [(d.l. svängaren?)] Denna slägt träffas boende i byarna Märrbacken å Fryxände Finnskog, Kanala (Hjerpliden) å Dalby finnskog, och Graabergsmoen å Valers finnskog. För öfrigt är den mer obekant.

Fernov kände den icke.

170 [177.] **Piiskoinen**. [(d.l. pipande)] Denna slägt har förmodeligen fordom bott i Piiskaistorpet å Sverdsjö Finnskog, och troligen upptagit det samma.

Namnet Piiskoinen förefinnes i Jockas; och Piiskala by i Puumala äfvensom holmen Piiskolansaari. namnet Piiskanen i Pyhäjärvi.

171. [178.] **Pitkäinen**. [(d.l. sölbrackan)] Den första af denna slägt, och som varit kommen från Finland, hade bott vid viken Torpan lahti i Sverdsjö, [och] skall af de Svenske varit angifven för trolldom. Sedermera bodde denna slägt äfven i byn Hynnilä (Spaksjön) å samma Finnskog.

Familjänamnet Pitkäinen förekommer i Jockas, Sulkava, Kuopio, Idensalmi, Nilsiä, Hvittis, Pyhäjärvi, Hoapajärvi, Uguniemi, Sortavala, och _i Petersburg; Pitkälä niemi by i Leppävirta socken.

175 [172.] [179.] **Pohjoinen** [(d.l. nordanvinden)]. Denna slägt har fordom bott i byn Abborberget å Gränje Finnskog, och torde kanske dess afkomlingar ännu stå der att träffas. Dock tyckes det, som denna slägt äfven fordom funnits i Vermland, efter som Fernov upräcknar en slägt som han kallar Pojo. Hvilket ord ej tyckes kunna bemärka någon annan, af de i Sverige boende Finslägter.

Namnet Pohjola i Vederlax och Vihandt, Pohjala i Vesilax, och Pohjois by i Jockas tyckes stå i samman, med detta ord.

176 [180.] **Pohjolainen**. [(d.l. österbottningen).] En Sigfrid Pohjolainen från Finland, skall hafva upptagit Lehtomäki (Björkberg) å Orsa finnskog. Samma slägt träffas ännu boende i byarne Pitkäsuvanto (Långflod), Höljyxenmäki (Uggelheden) och Aspeberget å Dalby Finnskog. Fernov kallar slägten: Pojlan och på ett annat ställe Påhällan.

Namnet Pohjolainen anträffas i Kuopio och Jockas, Pohjalainen Jockas och byn Pohjolanmäki i Karttula.

177. [174.] [181.] **Poikeroinen** [(d.l. frånvarande)] Denna slägt träffas boende å Stensgårds utskog i Fryksände Finnskog; föröfrigt aldeles okänd.

Namnet Poikeroinen förekommer i Idensalmi socken.

178. [175.] [182.] **Poikoinen**. [(d.l. gossen).] Denna slägt bor för det närvarande i byn Unnala (Untorp) å Orsa Finnskog; Och torde förmodeligen äfven förut hafva bott i Aspeberget å Dalby

Finnskog, efter en gård derstädes ännu kallas Poikoinen. _En Lars P. har fordom bott i byn Bjurbäck på Långseruds finnskog, och skall varit kommen från Finland. Fernov nämner ej denna slägt.

Slägten Poikoinen finnes i Idensalmi och Juuga, och Poikkonen i Sysmä; Poikelamäki by i Idensalmi, Poikola eller Piikilä i Jockas.

179. [175.] [183.] **Pokkainen**. [(d.l. värkfulla)] Denna slägt träffas för det närvarande boende i byarna Siikala (Quarnberg) och Krafsen i Säfsens socken. En Per Anderson från Quarnberg, född på Möderne af denna slägt, men annars såsom soldat kallad Abbore, upptager Sundsberg å Malungs Finnskog år 1797. En Lars Pokkainen, ankommen från Finland bodde i Bjurbäck, å Silleruds finnskog.

Pokkainen är ett slägtnamn som anträffas i Sysmä och Liisilä i Ingermanland; Pokelainen i Jockas.

180 [184.] **Porkka**. [(skidstafven).] En Matts Porkka ifrån Finland, och som det föreges från Borgå, ? (hvilket förmodeligen är en gissning, i anseende till namnens likhet) skall först hafva upptagit Fäbacken å Östmarks Finnskog. _Det tros äfven varit en Porkka som först upptagit byn Öijern å Brandvolds Finnskog, äfvensom byn Saarjärvi (Holmsjötorp) å Gräsmarks Finnskog tros vara upptagen af en annan af samma slägt. _En Göran Porkka upptager först Vasikkamäki (Vestra Kalfhöjden) och en Olof Janson Porkka upptager år 1781. Lihavamäki (Östra Kalfhögden) å Östmarks Finnskog. _Likaledes är byn Porke-torp, å Vestra sidan af Brandvolds k[y]rka, upptagen af denna slägt; Så torde ock Porkala (Burktorp) å Gräsmarks Södra finnskog, antingen vara upptagen af en Porkka eller Purkainen. _En Anders Olson Porkka från Runsjön [i Östmarks socken] var, såsom Deputerad för Östmarks Finnarne följacktlig den deputation som 1823 om våren uppmarcherade till Stockholm. Han var [ock] näst

Räiseinen, den förnämsta [af mina den tidens korrespondenter, af hvilken jag ännu äger i behåll ... bref; det sista af år 18..]. Blef ock af Finnallmogen utvald till första Länsman i Juvanniemi församling, [och] hvilken han äfven i anseende till sin goda röst, skulle tjena såsom Klockare ad interims. _Denna slägt träffas för det närvarande i byarne S[o]arjärvi) å Gräsmarks finnskog. _i Skalltorpet, Norra Lekvattnet, Stensgårds utskog, och Kähkölä (Kekktorpet) å Fryksände finnskog, _i Runsjön, Vasikkamäki, Lihavamäki, Fäbacken, Rödberg och Sipilä (Gåskärn) å Östmarks Finnskog _i Ullala (Svartberg), Orala (Orainstorp) å Vingers Finnskog _i Svennilä (Svenntorpet) Ronkaistentor[p]pa (Runketorpet), Lyystamäki (Lystaberget) och Skasdammen å Brandvolds Finnskog _i Husubäcken å Aasnæs finnskog _äfven träffas denna slägt ännu boende i byn Lainila (Stora Mörtsjön) å Torps Sockens Finnskog i Medelpad.

Det är nog märkvärdigt att icke Fernov känt denna talrika slägt, ty ordet Porkelan [hos honom] måste betäckna [namnet] Porkelainen en slägt hvilken numera är al[l]deles obekant.

Familjenamnet Porkka förekommer i Frantsila kapell under Siikajoki socken, och på Hogland. Porkka är en by i Wiborg.

172 [185.] [187.] **P[o]alainen**. [(d.l. pålaren?)] Det äldsta stamställe för denna slägt är obekant. Den har upptagit det numera ödelagda stället P[o]alaisen autio 1½ fjerndedels mil, i norr, från byn Ronkola (Kölaråsen) i Nås Socken. Likaså är byarne Puaalaisenmäki (Palahöjda) i Säfsens Socken, Poalala (Tysktorp) i Ny Socken, Poalala (Tysktorp) i Fryksände Socken, och Poalala (Tysktorp) i Grue Socken upptagne af denna slägt; Som ännu träffas i byarne Mangen, Monkaranta (Mangstranden) Snipa, och Noppi i Fryksände finnskog _i Tallberg å Östmarks finnskog _i Rämälä (Degerberget), Vaisila (Norra Viggen) å Ny Sockens finnskog _i Ryki (Rögden), Ukonhauvat (Tholgrafven) å Dalby Finskog _i Norra Åskeberget, Getkärn, och Sarvimäki (Halfåskärnsberget) å Grue finnskog. [Äfven som i Norra

Åskogsberget, der bonden Olof Mattsson Poalainens sondotter Anni är gift med postmästaren Ole Qvale i Grue.] Äfven denna slägt är af Fernow icke nämd.

Namnet Poalainen finner man i Jockas, [St. Michel] och i Borgnäs kapell af Borgå Socken.

173 [188.] **P[o]asoinen.** [(d.l. bestormaren).] Denna slägt har förut bott, och torde ännu bo i byn Poasola (Stora Björnmåsen) å Ockelbo Finnskog i Gestrikeland. En Samuel Mattsson P. var der känd som en stor trollkarl. En Hans Poasoinen, som man trott vara [från] Finland, har upptagit Afradsberg å Malungs finnskog. Det synes dock troligt att denne varit af slägten Pasainen, som bod[d]e i Milsjöheden och närmaste byar.

Slägten Poasoinen finnes i Jockas, St. Michel, Mäntyharju, Sordavala och _i Petersburg; Poaso är en Herregård, och Poasula en by å Mäntyharju socken.

174 [189.] **P[o]avilainen.** [(d.l. påviske).] Slägten Liitiäinen å Rangetorpet å Dalby Finnskog, kallas och ofta för Poavilainen, antingen härstammar de[n]ne på mödernet af denna slägt, eller hafva de fått detta namn [derigenom] att de härstammat af någon Paul, eller [på finska] Paavali. På samma sätt räknar sig torparen Erik Person Hämäläinen i Mangslidsberget, höra till denna slägt. Fernov nämner icke detta namn.

Poavilainen är ett namn som anträfas i Jockas, St. Michel, Parikkala, Libelits, Räisälä, Seäminga, Joutsa, Kivinebb, och _i Petersburg; ett kapell af Siikajuki heter Poavola; ett namn som äfven förefinnes i Urdiala och Hansjärvi, Poavo å Tyrvändö.

181. [188.] [190.] **Pulk[k]inen.** [(d.l. pluggaren).] En Pulk[k]inen skall för mycke lång tid sedan hafva upptagit byn Pulk[k]ila (Östra Vermunden) å Aasnæs finnskog och sedan flyttat härifrån till Kinsjön å Dalby Finnskog. _En Olof P. flyttar från Norrska gränserne till Matila (Nybofjäll) å Malungs finnskog, och bar sitt

barn i en näfverkont på ryggen. Denna slägt bor ännu i byn Örskogen å Järna Finnskog. Annars förekommer i byn Hamra å Orsa finnskog äfven en så kallad Pulk-slägt. Men denna har ingen gemenskap med familjen Pulk[k]inen, utan skall blott vara, som det påstås, ett öknamn å en del af slägten Kämpainen, uppkommit derigenom att någon på spe yttrat sig: nyt Pulk[k]i pulkoittaa, då en Kämpainen var sysselsatt [med] att laga pulkorna till en släda; [och] hvilken härefter altid fick heta Pulki.

Namnet Pulkkinen förekommer i följande socknar; neml. i Jockas, St. Michel, Sulkava, Jorois, Kuopio, Rautalampi, [Haukivuori], Saarijärvi, Pielis, Nilsiä, Sordavala, Kuhmo, Vilmanstrand, och _i Petersburg; Pulkkila by i Jockas, Sulkava och Kerimäki. Dessutom finnes [äfven] en socken som heter Pulkkila.

182 [189.] [191.] **Pulliainen**. [(d.l. ugglan.] Hindrik Pulliainen en mandråpare rymmer från Finnland, och upptager Pullingtorpet eller Kempetorpet, sedermera kalladt, å Remmens Finnskog. Men sedan efterlysningen hant komma [äfven] till denna ort, och man var kommen honom på spåren, rymde han öfver till Norrige. Denna slägt har fordom äfven bott på Mangskogs finmark och en Carl P. tros hafva uptagit Carlstorp under Homsjön. För det närvarande träffas den i byn Mangen å Gräsmarks Finnskog. _Fernov kände icke denna slägt.

Slägten Pulliainen finner man i Jockas, Kangasniemi, Rautalampi, Tuusniemi, [Kihtelysvaara] och Pihtipudas socken; byn Pullila i St. Andreas, och Pulliala rusthåll i St. Michels socken. Namnet Pullinen förekomer i Wiborg, och Pulli i Vilmanstrand och Sordavala.

183 [192.] **Puntainen**. [(d.l. tyngaren)] Denna slägt har varit känd af Svenskarne under namn af Bonde-slägten. _En Matts Bonde (så kallad) nedsatte sig först [så]som kronoskytt i byn Mörtnäs å Karlanda Finnskog, och upptog sedan Bondetorp å Jernskogs Finnskog i Nordmarkens härad af Vermland. _Denna slägt har förmodeligen äfven upptagit byn Puntainen (Ormhögden) å

fryksände finnskog, och det numera ödelagda stället Puntaisen mäki, nära Tyn i Säfsens Socken. Denna slägt träffas ännu i byn Märrbacken å Fryksände Finnskog. [Bland de 1638 från Sverige till norra Amerika öfverflyttade kolonister uppräknas en Johan, en Sven och en Anders Bonde, hvilka troligen hörde till denna slägt (se Arrelius).] Denna slägt [kallar] Fernov Pundan.

Puntainen är ett släktnamn i Kangasniemi och Piexämäki; Puntala by i Kristina och Punttala i Limingo.

184. [191.] [193.] **Purainen**. [(d.l. prustaren).] En Erik Purainen uptager byn Purala (Rögdoset eller Puraistorpet) [som det äfven kallas] å Östmarks Finnskog. Han tros varit kommen från Finland. Man berättar om honom, att då han en gång om hösten, j[e]mte några andra Finnar, var utgången på björnjagt, det skulle hafva hän[d]t, att Finnarne, som under denna tid vanligtvis tilbragte natten i en riskoja, den de för tilfället uppfört, och för hvars ingång de upptändt en stockeld, för att kunna hålla sig varme, blifvit under nattens mörker varse ett eldsken, som på afstånd rörde sig i skogen, de följde det med sina ögon, och märkte snart att det närmade sig deras lägerställe. Man misstänkte genast att Svenskarne upptäckt deras natteld, och nu voro [komna] i beråd att göra på dem ett förfärligt anfall. Purainen som var den keckaste och hurtigaste, öfvertalte genast sina kamrater, att gripa til sina bössor, och i skydd af en lummig gran, på ett [visst] afstånd ifrån kojan bida tills man erfarit hvad detta [natt]besök skulle betyda. De gjorde så, intogo ett ställe hvarifrån de ganska väl kunde se och höra, [alt]hvad som skulle passera vid koijan. _Då bönderna från bygden kommo närmare, utsläckte de sitt stick-bloss, och smögo sig i tysthet bakom den lilla hyddan. Troende ej annat än att finnarna sofvo derinne, stötte de vid ett gifvet tecken, alla ned sina spjut genom de glesa väggarne, och bestormade detta svaga hus, likt en fiendtlig borg. Purainen som ej längre kunde lida åsynen af ett så lömskt försåt, hviskade sagta till sina vänner: Tänken i som jag, så gifven eld. De andre hade

knapt hunnit [härtill] bifalla, innan redan en af de Svenske hade utsträckt sig på marken för Puraises kula. Nu kom ångren emellan, och de andre finnarne, afstodo från ett företag [hvars] afsigt var att ingen af de Svenske skulle återvända med lifvet. Svenskarne fingo emellertid tilfälle, att genom flyckten r[ä]dda sig i mörkret, och Purainen var icke okunnig om den hämd som snart skulle vänta honom hemma. Han beslöt derföre att icke mera återvända dit utan lemnade sitt hus och hem, och vandrade längs med Dalby finnskogar, öfver till Norrige, der han upptog sig en ny boningsplats, kallad Puraisen nuppi eller Saunannuppi (Bastuknoppen). Han hade bott här någon tid och just hunnit få sin nya bostad i ordning, då en ny gränsreglering föregick emellan Sverige och Norrige, och hvarvid husen på detta ställe utflyttades ganska mycket åt vester; hvarigenom hände att Bastuknoppen tilföll Sverige. Purainen som inom detta rike ej mera trodde sig säker, nödgades för andra gången, taga sig till vara. Han begaf sig [då] djupare in på de norrska skogarne och upptog der byn Graaberg å Vaalers Finskog. _Denna slägt måste och hafva upptagit byn Purustorpa (Buranstorp) å Grue Finnskog. Nu träffas den i byarna Tomteberget och Vastaberget å Vingers Finnskog, samt i Rajaho [Rådelsbråten] och Grabergsmoen å Vaalers finnskog. Äfven af denna slägt torde den Lars Bure vara, som omtalas af Arrelius hafva hört till den Svenska och Finska kolonin i N. Amerika.

Slägten Purainen träffar man i Jockas, Sulkava och Pihtipudas, namnet Pura i Rautalampi och Maaninga, samt Puroinen i Idensalmi och Nilsiä. Bynamnet Purala i Leppävirta och Piexämäki får ej förvexlas med namnet [Purhoinen].

186 [196.] **Putkoinen.** [(d.l. framilaren).] En Lars Michelson Putkoinen upptager byn Putkola (Slätten) å Nås Finnskog, ungefär för vid pass 200 år sedan. En Hindrik Larsson P. från Putkola i Nås, upptager Niipa (Hästkullen) å Järna finnskog. _En Anders Larsson P. från Norrige har fordom bott i det numera ödelagda stället Putkola nära byn Holland i Östmark. För det

105

närvarande finnes denna slägt i byn Väkram å Järna Finnskog, i Sormula (Närsen) å Nås Finnskog, och i byn Holland å Östmarks Finnskog. Fernov kände icke denna slägt.

Namnet Putkoinen påträffas i Jockas; Puumala, Piexämäki, Rautalampi, Idensalmi och Wiborg. Putkinen finnes i Jockas, bynamnet Putkala i Piexämäki och St. Andreas.

187. [186] [194.] [197.] **Puttoinen.** [(d.l. sötmakaren).] Denna slägt har först uptagit byn Puttola (Norra Rögdåsen) å Östmarks finskog och skall varit hemma från en by benämd Puttola i Finland. Nu träffas denna slägt i byarne Nikkarila (Makkarkärn) och Ullila (Lia) å Dalby Finskog. Fernov kallar slägten Puttan.

Namnet Puttoinen igenfinnes i Jockas och Puumala, i Wiborg, [Putto i Ruokolax] och Rautalampi, [Laukas,] Puttola by i St. Michel; i Rautalampi namnet Puttuinen, byarne Puttusalmi och Puttusmäki i Kuopio.

185 [194.] **Purkainen.** [(d.l. nedrifvaren).] Denna slägt har af Svenskarne blifvit kallad _Burk. och har förmodeligen uptagit byarna Burkhögden i Säfsen, och Purkaisentorp[p]a (Burketorpet) å Vingers finnskog. En Hindrik Thomasson P. från Hocktorpet, har vid pass 1785 upptagit Honkamäki å Gräsmarks Finnskog. Slägten träffas ännu boende i Honkamäki och Tasala (Tastorp) å Gräsmarks Finnskogar, äfvensom i byn Koarlola, å Grue Finnskog. Äfven Fernov kallar denna slägt [Purkan, och på ett annat ställe] Burk.

188 [198.] **Puuppoinen.** En Bertil Mattsson Puuppoinen från Borgsjö Sockens Finnskog i Medelpad, flyttar till Gräsmark, och uptager der å Finnskogarne byn Puuppola (Popetorpet) jmf. Linderh. p.9). Härifrån har han sedan varit, enligt berättelse öfverrest till sina slägtingar i Finland, men förmodeligen måste det blott varit till Medelpad. Hans resepass, skulle ännu för några år sedan funnits i behåll hos Jon Jönsson Kukkoinen i Kukkola

(Långnäs) . Denna slägt träffas för det närvarande i byarne S[o]arijärvi (Holmsjötorp), Timbonäs, Långnäs, Höjda, och Puuppola, i Gräsmark, och i byarna Haikola (Bredsjön) Mortila (Ormhöjda), N. Lekvattnet [och] Stensgårds utskog i fryksände; samt i Hvitkärn i Östmark. Fernov kallar slägten Popen.

Man igenfinner slägtnamnet Puuppoinen i St. Michel, Rantasalmi, [Puuppola i] Kangasniemi och Saarijärvi och slägten Puup i Uleåborg.

189 [196.] [199.] **Puuroinen**. [(d.l. grötögat)] En Jakob Puuroinen (eller måhända Bure) skall efter sägen varit en Biskops Son i från Finland, han bodde först på Eskilsberget, men upptager sedan byn Skifsen i Säfsen. Hans ena son Zachrid Jacobson bodde quar, men den andra Matts Ja[k]obsson upptager Krafsen; och den tredje skulle, efter hvad folket berättar, blifvit landsherre i Fahlu [märkvärdigt nog, må nämnas, att en Jakob Buhre (gift med Margr. Oliveneranta) verkligen 1706 af Landshöfdinge öfver Fahlu län (d. 1709).] Sannolikast tyckes [dock] vara att någon likhet åtskilliga namn emellan gifvit anledningar till dessa berättelser. Slägten träffas för det närvarande i Vestra Solberget i Säfsens socken. [Bland de finska familjerna i norra Amerika, uppräknar Arrelius äfven en Lars Bure.]

Puuroinen är ett namn som anträffas i Jockas, Maaninga, Nilsiä och Pihtipudas, Puuruinen i Idensalmi.

190 [195.] **Pusuinen** [(d.l. huvudbussaren).] [Enligt förmodan] ett öknamn på en gren af slägten Kauttoinen, upkommit som man tror, derigenom att en af dem blifvit kallad Pusupiää för sin yviga lugg.

Af denna slägt återstå endast namnet Pusula i Keuru, och Pusa i Lappvesi, Pyhäjärvi och Urdiala, samt Pusu i Imbilax och Sordavala.

191 [200.] **Pylk[k]äinen**. [(d.l. stolpaktige).] Denna slägt har förmodeligen först upptagit, eller bebott, byn Ruusinmäki (Pylketorp) i Östmark. Fernov kallar slägten Pylken.

Namnet Pylkkäinen (hvilket ej må förblandas med Pulkkinen) finner man i Jockas, St. Michel, Sulkava, Kangasniemi, Maaninga och Sysmä; bynamnet Pylkkälä anträffas i Jockas, Kristina och Puumala. Dessutom Pylkkäläniemi i Jockas.

192 [201.] **Pynninen**. [(d.l. ansträngaren).] Denna slägt har fordom bott i Bingsjön å Rättviks Finnskog, gården heter ännu på Finska Pynnilä och på Svenska Hansgården. _En Matts Pynninen har uptagit Hiirvimäki (Stora Elgberget) å Säfsens socken.

Man finner namnet Pynnöinen i Kangasniemi, Rautalampi, Mastula och Keuru; samt Pynninen i [Heinäjoki, Pielavesi,] Wiborg och _i Petersburg.

193 [202.] **Pyntöinen** eller **Pyntäinen**. [(d.l. ansträngaren)] Har fordom bott på det numera ödelagda stället Pyntöisen autio vid byn Mangen å Gräsmarks finnskog. Denna slägt har förmodeligen upptagit byarne Pyntälä (Norra Pyntetorp) å Gräsmarks finnskog, och Puontila (Pyntetorp) å fryksände finnskog. Slägten träffas ännu i Suurestorp[p]a (Soranstorp) å Gräsmarks finmark. Fernov kallar slägten Pyndan.

Detta namn [hvilket mig veterligen ej förekommer i Finland] torde väl ej få förvexlas med namnet Puntainen.

198 [185.] **Pöntinen** [(d.l. trädmorteln).] [eller rättare kanske Pöntöinen] En Olof Pöntinen från Finland, upptager byn Pöntölä (Vestra Svartnäs) å Svärdsjö finmark [i Öster Dalarne]. Han seglade sedan till sjöss, och var länge fången hos barbareskerna i Affrika. [Om honom berättas annars, att en gång då han om vintern var sysselsatt med att draga not på sjön Svarten, blef han fasttagen af det svenska bygdefolket, som sedan de sönderskurit noten, fastbundo honom vid ändan af ett tåg, och inskuffade

honom i det nyupphuggna vaket, hvarefter man drog honom så under isen åter upp från det andra. Hvarmed fortfors till dess man af såg hos honom mera något tecken till lif. Också var det ej första gången man användt denna omenskliga uppfinning. Enligt säkra underrättelser skall samma slags bestraffning fordom ej sällan hafva förestått de stackars Lapparne då man ville tvinga dem att arbeta vid Nazafjälls silfvergrufvor; och hvarom äfven Billmark i sin dissertation de statu Lapponia Pithensi, p. 16 förtäljer.] En Matts P. uptager först byn Karvala (Södra Viggen) i Ny Socken, men sålde det åt en [Hindr.] Karvainen och flyttade sjelf på skogarne mera söder ut. Nu träffas slägten i Svabensverk å Alfta finnskog, och i Borrsjön, Ragvaldskärn, och Kalfhögda å Gräsmarks södra Finnskog._

Fernov tyckes ej hafva känt denna slägt.

<small>Pöntinen finnes i Jockas och Kristina, der äfven finnes byn Pöntilä; namnet Pöntynen träffas i Säkkijärvi, och Pöntöinen i Rautalampi och i Kopvina i Ingermanland.</small>

199. [186] **Pöyhöinen.** [(d.l. befjädrade).] En Soldat benämd Jakob Pöuhöinen från Heinävesi kapell af Rantasalmi socken, känd under namn af Munter, stannar efter sista kriget [1808] å Svärdsjö Finnskogar, och upptager sig der 1811. ett nybygge. Denna slägt har dock redan fordom funnits på de vermländska vestra finnskogarne, der större delen av Tinhöjda i Gunnarskog, äfven som i Tolbaggen och Skuggerud, numera bebodde af svenskt folk, skall vara af denna slägt upptagne. _Äfvenså byn Pöuhöinen (Stamp[e]torpet) å Brandvolds Sockens finnskog Norrige. Slägten var okänd för Fernov.

<small>Familjenamnet Pöyhöinen förekommer i Jockas, Sulkava, Piexämäki, Kangasniemi, Kuopio, Rautalampi, Nilsiä, Juuga och Tuusniemi; namnet Pöyhiä i Wilmanstrand, [Kexholm] och Joutsenu. Pöyhölä by i Kangasniemi och Piexämäki; Pöyhölä gård i Nurmis, och Pöyhölänmäki i Tuusniemi och Jockas.</small>

200 [203.] **Rahik[k]ainen** [(d.l. hjertungen).] Denna slägt bor för det närvarande i byarne Värälä (Varaldskouven) [i Vinger] och Gransjön i Östmark. Föröfrigt altför litet känd _ äfven av Fernov.

Namnet Rahikkainen träffar man i Jockas, Kristina, Puumala, Kuopio, Kangasniemi och Viborg; der och i Vasa äfven namnet Rahikka förekommer; Rahikkala by är i Kristina, och i Viborg finnes en by kallad Rahikkainen.

201. [204.] **Rajalainen**. [(d.l. vid grannen).] Denna slägt har varit [en] af de första som bott i byn Norra Ängen å Gräsmark Finnskog; och träffas ännu der i byarne Borrsjön, Mangen, och Koak[k]olampi Långkärnstorp. Fernov kallar den Rajlan, p.529.

I Petersburg träffar man, namnet Rajanen, i Lappo och Tavastkyro namnet Rajala, och i Piexämäki byn Rajalaniemi. I Moaninga och Pielavesi slägten Rajainen. Häraf torde slägtnamnet Rajatin föreskrifva sig och von Rayatin.

202 [205.] **Rasainen**. [(d.l. rasslaren).] Byn Brasserud, eller Bråserud som den och kallas, skall vara upptagen af en Finne; som Svenskarne kallat Brase, men som efter all anledning att förmoda måtte hetat Rasainen. Grundstenarne synas ännu efter den bastu han här upförde åt sig, och hvarom man berättar, att vargarna från gluggen [af den samma] upätit hans korfvar. Fernow kände ej till namnet.

Rasainen är ett namn som anträffas ej blott i Jockas, St. Michel och Kristina utan äfven i Petersburg; Rasala by i Jockas och Rasula i St. Michel. Särskildt namn är Räsäinen. Rasatainen finnes i Sulkava, och Rasilainen i Jockas och Kristina, Rasi å Kiukas och Keuru, Rasila by i Jockas.

203. [206.] **Ratkainen** [(d.l. sönderspråttarn).] En Per Ratkainen skall först hafva upptagit byn Ärtevika å Långseruds Finnskog i Gilbergs härad. Men kanske han möiligtvis varit af slägten Roatikkainen (?) [hvilken slägt troligen upptagit byn Raatikkala (Rotberget) å Hoffs finnskog.]
Fernow skrifver Rotken.

Namnet Ratinen i Impilax socken tyckes på långt håll härmed vara befryndadt.

204. [207.] **Rautiainen**. [(d.l. jernsparfven)] En Rautiainen från Rautalampi i Finland, tros har varit den som upptagit Nitten å Gränjes finnskog, redan långt före Rikkises tid. Hans Kungabref skulle varit skrifvit på pergament, och enligt hvad de nuvarande åboerna försäkra, dateradt 1413. _Slägten träffas ännu i Säfsens körkby och i Skattlösberget å Gränjes Finnskog.
Namnet var icke kändt af Fernow.

Rautiainen är ett [nog allmänt] namn, som förekommer i Jockas, Kristina, Idensalmi, Karttula, Kiides, Pyhäjärvi, Tohmajärvi, Heinävesi, Mula, i Liisilä och Slavanka i Ingermanland, samt _i Petersburg. Rautuinen i Idensalmi och Nilsiä, Rautio i Jaakimvaara, Tyrvändö och Kerimäki; Rautikkainen i Pihtipudas. En by i Kuopio heter Rautiala, och i Heinävesi Rautilamäki.

215. [208] **Räihäinen** [(d.l. skrålaren)] Detta har förmodeligen varit namnet på den slägt, som först uptagit byn Räihälä å Alfta Sockens Finnskog i Helsingeland.
Namnet af Fernow icke kändt.

I Moaninga träffas Räihänen, men Räihä deremot i Impilax, Idensalmi, Pielavesi och Tohmajärvi, samt Räikkönen i Kiruus och Jääskis, äfven _i Petersburg.

216 [209.] **Räisäinen**. [(d.l. vild[hjernan])] Tvenne bröder, som skulle varit hemma från Rautalampi i Finland, upptogo Räisälä (Löfhaugen) å Grue finnskog, ungefär för 200 år sedan, af hvilka den ena Per Larsson [R.] stannade quar, men den andrade, flyttade härifrån, och upptog Tvengsberget. Väl ville han flytta längre bort och åtminstone på andra sidan Rögden, men hans hustru ville nödvändigt bo så till att hon kunde hafva Räisälä i sigtet. För 90 år sedan upptog en Räisäinen från Räisälä, Norra Löfberg, och en Räisäinen från Tvengsberget, Södra Löfberg.
_En Matts R. från Räisälä gifter sig med Pälläises dotter till Öjern;

men sonen Matts Mattson blef bortkörd af Christiania Handelsmännen, och en Per Paulson Räisäinen insatt i stället. Dennes son Paul Person R. är den första och förnämsta korrespondenten å Finnskogarna [af hvilken jag under åren 1821-18 äger mera än ..... bref (han dog 18..)]. Genom honom [gick] alla angelägenheter, och han [var] den som förestod den Finska bokhandelen å dessa skogar. Han var jemte den Finska deputationen upprest till Stockholm, 1823. Och blef allmänt af Finnarne [utsedd], till den första fogde öfver hela den gemensamma Finnskogen. Tvenne af dess söner Johan och Matts, [följde, enligt min begäran, då med honom] och quarstannade [i Upsala] hos [överstruket: Gottlund] mig för att studera. _En Johan Johanson R. upptager Kotamäki (Lill-Rännberget) i Östmark. _För det närvarande träffas denna slägt i byarne Vestergyllen å Treskogs mark i Gunnarskogs finnskog, i N. Lekvattnet å Fryksände finnskog i Kotamäki å Östmarks Finnskog; i Vaisila (N. Viggen) å Ny Sockens Finnskog; _i Kymölä (Afvundsåsen), Bringsåsen, Kupila (Hjerpliden), Kringsberget, Nikkarila (Makkarkärn) och Talakara (Blindhanstorp) å Dalby Finnskog; _å Öijern, Jaakola (Måsavattnet), Grasberg Troen å Brandvolds Finnskog; _i K[y]rksjöberget, Solien, Kalnäset, Aho (Braaden), Mulikkala (Våhlberget), Sojomäki (Skåkberget), Räisälä (Löfhaugen), Tvengsberget, N. Löfberget, Sarvimäki, Molldusen, och Skassberget å Grue Finnskog; _i Roatikkala (Rotberget) och Lindberget å Hoffs Finnskog; _i Pulk[k]ila (Östra Vermunden), N. Vermunden, Eftabergsstranden, Lindberget och Kirkkomäki (Djuvberget) å Aasnäs finnskog. Till denna slägt hör troligen den i Sverige födde men (enligt Arrelius sid. 219) redan 1693 i N. Amerika bosat Olle Resse. Fernov har icke [heller] känt denna stora slägt.

Namnet Räisäinen anträffas i Idensalmi, Pielavesi, Rautalampi, Nilsiä, lax, Pihtipudas och Ruskeala, Räisälä är namnet på en socken i Wiborgs län.

217. [210.] **Rämäinen** [(d.l. skramlaren] En Eskil Rämäinen flyttar med sin son Per från Finland, och upptager byn Rämälä (Degerberget) å Ny Sockens finnskog. Det är om honom man berättar, att han i brist på annan föda, varit tvungen att förtära råa pilblad. _En Erik R. upptager de södra gårdarna i byn Holland i Östmark [Jag [nästan] anar till att Holland först blifvit upptagen af någon utaf finnslägten Halloinen, hvaraf numera icke återstår något minne.]. Förmodeligen har denna slägt först uptagit Remman ett torp under Salungen i Mangskog; Rämäksentorp[p]a (Remmestorp) å Gräsmarks finnskog, kanske möiligen äfven Remsberget i Remmen, hvilken socken jämte de tre större sjöarne af samma namn, tyckas härmed hafva någon likhet. För det närvarande träffas denna slägt i byarne Mangen, Noppen och Krokkärnsberg å Fryksände Finnskog, i Moilaisentorp[p]a (Strutstorp) å Gunnarskogs Finnskog, _i Saunoila (V. Mullkärn) Kotamäki (Lill Rännberg), Holland å Östmarks Finnskog, _i Rämälä (Degerberget), Konkari (Kärnberget), Flatåsen, Lehtolamminaho (under Nikkarila) å Dalby Finnskog, _i Södra Vermunden å Aasnaes Finnskog. En del af denna slägt kallas af de Svenske för Paulsfolk. Fernov kallar slägten Rämmen.

<small>Namnet Rämäinen förekommer i Kuopio socken; byn Rämälä i St. Michel, och byn Rämäksälä i Idensalmi. Namnet får ej förvexlas med slägtnamnet Remoinen i Jockas.</small>

205 [211.] **Riekinen**. [(d.l. skrikhalsen).] Enligt folkberättelsen skall den första af slägten hetat Riek och varit en kapiten ifrån Finland, han nedsatte sig efter en annan Finne vid namn Mammoinen i byn Mammola (Spättungen) å Fryksände Finnskog, och blef stamfader för Riekiska slägten. _En Sigfrid Riekinen från Mammola, har personligen audiens hos Carl XIIe vid ett tillfälle då han var på Eda skants, och fick sitt hemman från 1/4 dels skatte förmedlat till 1/8 dels. _För det närvarande bor slägten i byarne Mammola, Myllylä (Quarntorp), Karttula (Karttorp), Puontila (Pyntetorp), Niipimäki (Örtkärnshöjden) och N.

Lekvattnet å Fryksände Finnskog, _i Kössilä (Kösstorp), å Pennala (Benktstorp) å Gunnarskogs Finnskog, samt i Hvitkärn och Bustyfvelberg å Östmarks Finnskog.
Äfven denna slägt har gått Fernov förbi_.

Namnet Riekinen anträffas mig veterligen endast i Nilsiä socken och Riekiläniemi by i Nurmis. En annan slägt är Riikeinen i Rautalampi, m.fl. socknar.

206. [212.] **Rikkinen**. [(d.l. skadade)] En Bengt Jönsson Rikkinen skall hafva kommit från finland och bosatt sig i Nitten å Gränjes finnskog; ett af de äldsta finnställen i hela landet. Traditionen tillägger att han varit son till en Landshöfdinge i Finland, men för Ryssarnes skull nödgats rymma landet. Han omtalas [hafva varit] mägta rik, ägt på flere ställen nedgräfda skatter, och tror man att de silfvermynt man någon gång _äfven i sednare tider funnit vid jordens gräfning, skola vara från hans tid. Han hade haft 7 hästar, 7 portar på sin gård, 7 hundar, nämligen en vid hvar port, och 7 söner. Han hade varit trenne serskilda gånger uprest till Lappmarken, för att lära sig deras konster, också var han beryktad som en stor trollkarl. _Sådan var hans historie, men hvad som åtminstone är visst derutaf, så är upgiften om hans många barn. Af hans söner flyttade en till Rifallet en till Skattlösberget, en till Hoberget, en till Jänsen i Floda finnskog, en till Grilsås, och en till Hjerphöjda. _Denna slägt träffas nästan öfveralt å Gränjes och Säfsens finnskogar, samt har förmodeligen äfven först uptagit Rikkenstorp i Ljusnarbergs och Nya Kopparbergs Socken.

Rikkinen är namnet på en slägt som förefinnes i Valkjärvi, och i Slavanka i Ingermanland; Rikkilä by i Tammela och Rikkola i Ilmola, Rikala i Ruovesi; Rikko i Petersburg.

207 [213.] **Rimpinen** [(d.l. strandröret)] Denna slägt har förmodeligen upptagit byn Rimpsbo å Bollnäs finnskog i Helsingeland_

Icke Rimpinen, men namnet Rimpi finnes i Jockas och i Sutkamo samt Rimpiläinen i Sulkava och Kajana.

208 [214.] **Rintainen**. [(d.l. sidokamraten)] Denna slägt har förmodel. upptagit Vellanki (N. Rintetorp) å Gräsmarks Finnskog. Har fordom bott i Östra och Vestra Mörtnäset å Karlanda Finnskog. Träffas för det närvarande i byarna Rörkullen och N. Lekvattnet å Fryksände Finnskog, i Fäbacken, Hvitkärn och Kampbacken å Östmarks Finnskog, _i Huuskola, Kanala och Kirkomäki å Dalby Finnskog, _i Possåsen, Slättmoen och Mollberget å Aasnäs Finnskog.
Fernov kallar slägten Rinten.

211. [215.] **Ronkainen** [(d.l. brummaren)] En Olof Olson Ronkainen, rymmer för ett mord ifrån Norrige, och köper Ronkala (Kölaråsen) i Nås af en Pennainen. _En Olof Mattson R. från Ronkala i Nås flyttar till Hån i Säfsen. _En Jan Mattsson R. från Ronkala upptager ett hemman i byn Niipa (Hestkullen) å Järna finnskog. _En Hindrik Ronkainen från Ronkala upptager Hinkfallet. _En Bengt Simonson R. skall först hafva upptagit Burktorpet, under Nässkogen å Gräsmarks södra Finnskog. _Äfvenså äro byarne Ronkaisentorp[p]a (Runketorp) å Brandvolds Finnskog, och Ronkaisentorp[p]a (Runketorp) å Gräsmarks Norra Finnskog, förmodeligen upptagne af denna slägt; hvaraf för det närvarande finnes tvenne ganska originella karakterer. Den ena är bonden Jan Olofson Ronkainen ifrån Hån i Säfsen, [uti Dalarne] annars allmänt känd under namn af Piikas Jan [af orsak] att hans mor [förr] blifvit kallad Piika. Han har fallit på den besynnerligheten att aldrig tala annat än finska. Och då Finska språket redan så godt som utgått från Säfsens Socken, är han [numera] den enda som tyckes vilja hålla det vid makt. Man känner ganska väl, att han ej blott förstår, utan äfven kan tala Svenska; men likväl är det omöjligt, att få honom att uttala ett

enda ord [deraf, äfven mig mislyckades försöker dertill]. Då man tiltalar honom på Svenska, svarar han altid blott på Finska, och den som då ej förstår honom, han får skylla sig sjelf. När han antingen har affairer att uträtta, vid kyrkan, vid tinget eller [vid] andra stämmor, tager han altid en dränggosse med sig, som han nyttjar till tolk. Han är den rikaste Bonden i hela socknen, och sin egen herre, då alla de andra ligga under bruken. Han lefde ännu åtminstone 1817, och var då 68 år gammal. I hela hans hus, taltes och tältes, ej annat än Finskan [och var [han en ägta fennoman, ja] den värrsta fennofantast jag känner]. Han var sjelf ogift, men hade tagit sin jemnåriga syster till hushållerska, och hon förestobrasd hans hus ganska bra. På tilfrågan hvad [som] föranledt honom till detta sälsamma uppförande, svarade han [mig]; glädjen att hafva råkat en finsk främling, _det han talat svenska till sitt 16de år, men att han då jemte andra barn gick i skrifskolan, och att ej blott hans kamrater, utan äfven Presten gjort gäck af honom, för det han vid uttalandet af svenskan, rådbråkade språket, hvarvid han, förbittrad öfver deras åtlöje, inom sig sjelf gjort ett heligt löfte att aldrig [mera] ett ord af detta språk, skulle komma [öfver] hans läppar, och han hade troget hållit det öfver 50 år, och skulle framgent än göra det, intill grafven. Sedan hade såväl Pastorn som mången annan, hvilka gerna önskat sig hans bekantskap men från den stunden ej kunde tala med honom, på allt sätt sökt förmå honom att återbegagna sitt Svenska tungomål _men förgäfves. _Äfven mig mislyckades det.

Den andra, [beryktade personen] af denna slägt hette Petter Clemetsson Ronkainen, bodde i byn Kammoisenmäki å Gräsmark finnskog [i Vermland] och hade således ingen kunskap om den förra _ej en gång om hela Säfsens socken, och de finnskogar som der funnos. Han hade den besynnerliga idéen, att ej ingå i någon annans stuga, utan att hafva ett ärende, och för än han fick det till ett ärende skulle det blifva det mest nödträng[d]aste behof. Han bodde på det berycktade finnhemmanet Timbonäs, som blott är 1/4 dels hemman, och föder 58 matlag, och vid pass 400 personer; han hade således ej brist på grannar; och på sjelfva stället Kammoismäki funnos redan 5 bönder. Likväl hade han ej besökt dem på hela decennier. Till närmaste grangård, som låg på ett stenkast derifrån, hade han sista gången varit för 3 år sedan, då han var dit bjuden på en begrafning. Dessförinnan hade han ej varit der på 7 á 8 år. Till gården Honkamäki, som var hans närmaste granne i öster, hade han ej varit på 9 år. o.s.v. och detta allt utan på att på minsta sätt lefva med dem i missförstånd. _Tvertom råkades de ofta vid sina arbeten ute på marken, och voro ganska goda vänner. Ej heller var Ronkainen, svagsint eller smått tokig, så att man derifrån kunde härleda detta uppförande. Han var en dugtig arbetskarl, dock kanske för mycket snål och hushållsaktig. _Ett fel eller en dygd, [allt huru man vill taga det] som med lika skäl tillkom Joh. Ronkainen i Hån. Denna ägde med honom äfven det gemensamt, att numera var Petter R. den enda i Kammoismäki som kunde tala finska, och tycktes till sin ålder vara omtrent 60 år gl.

För det närvarande träffas denna slägt i byarna Homsjön, Vasikkaaho (Kalfhöjda), Timbonäs, Kammoisenmäki, Hundkullen, Oraistentorppa (Orrtorp), Heppuisentorppa (Häpestorp), Mörtkärnstorp och Puuppola (Popetorpet) å Gräsmarks Finnskog; _i Axla, Bogen, Kärry, Juskastomta, Kahilaistomta å Gunnarskogs finnskog; _i Hiiroisenmäki (Heramsberg) och Bystufvelberg å Östmarks finnskog, samt i Borangens å Dalby Finnskog [Huruvida en Gudrik Nilsson Rangunen, som [lefde på 1480-talet, och] sedermera antog namnet Finske, var af denna slägt, _må vara osagt (se Otava I D sid. 409f, 420, 424)].

Fernov kallar slägten Ronkan, p. 529 och Smith, enligt hvilken denna slägt äfven fanns uti Trysild socken [i Norrige] kallar den Ronker.

Namnet Ronkainen förefinnes i Jockas, Idensalmi och Nilsiä, Ronkonen i Moaninga; Ronkala by fins i Jockas och en gård så benämnd i Idensalmi.

218. [216.] **Röntyinen** [(d.l. tungfotade)] Denna slägt finnes boende i byn Sandsjön å Orsa Finnskog, förmodeligen ditkommen från Alfta eller Färila Finnmarker i Helsingeland. Fernow kände icke till namnet.

Röntyinen är ett familjenamn, som anträffas i Idensalmi [Sotkamo], Rautalampi och Warkaus.

209 [217.] **Roaskoinen**. [(d.l. spraggan)] Denna slägt träffas för det närvarande i byarna Holland och Öhmölä (Ömmestorp) å Östmark Finnskog; Lundersätern å Brandvolds Finnskog, och i Grasberg å Grue Finnskog.
Fernov har icke känt denna slägt.

En gård benämnd Ruaskala i Idensalmi, och en annan kallad Roaska i Mola, äro de enda spår af detta namn.

210 [219.] **R[o]atik[k]ainen**. ([d.l. snäckan)] Denna slägt har först upptagit byn R[o]atikkala (Rotberget) på Hoffs Finnskog, och träffas för det närvarande i byarna Venshöuvä (Svenshögden) å Ny Sockens finnskog; _i Borangen, Fallet, Kinsjön, Sätermäki (Säterberget), Koltorpet, Rögden, Ukonhauvat (Tolgrafven) å Dalby Finnskog; _i Poalala (Tysktorp[et]) å Grue Finnskog _i Raatikkala å Hoffs finnskog _i Söder. Vermunden å Aasnäs finnskog.
Fernov kallar slägten Rotken l.c.

Roatikkainen är ett namn som förekommer i Jockas, Pihtipudas, Rautalampi, Moaninga, Idensalmi, Ruskeala, Kuopio, och _i Petersburg: Ruatikkala är namnet på en gård i Moaninga socken.

212 [219.] **Ruohtalainen**. [(svensken)] Ehuru denna slägt fin[ne]s ganska talrik i finland, är den dock här å finnskogarne befindteliga ej därifrån tilkommen, utan har upstått derigenom att en Svensk tiggargosse stundom blifvit upptagen å Finnskogarne, och med tiden förvandlat sig till en fullkomlig Finne. Då han och hans

barn, vanligtvis fått detta namn, till betecknande af deras svenska härkomst _i likhet med hvad förut blifvit näm[nd]t om slägten Norilainen; hvilket namn utmärker dess norrska ursprung. Häraf kan man äfven finna, att det kan givas flere med namnet Ruohtalainen, utan att derföre vara i det minsta slägt med hvarandra, och ej hafva annat gemensamt än en svensk far.

Denna slägt träffas i byn Karvala (S. Viggen) och Svenshöjden å Ny Sockens Finnskog, der bonden Christopher Olson å förra stället är en sådan, från barndomen på Finnskogarna uppammad tiggargosse. En slägt med lika namn finnes i Frysjöberget å Grue Finnskog, hvars upkomst måtte ungefär varit dylik_

Namnet Ruotsalainen förefinnes i Jockas, Kuopio, Idensalmi, Pielis, Nilsiä, Pihtipudas, Hiitola, och _i Petersburg; Ruotsi i Kexholm och Wilmanstrand; Ruottinen i Jockas, Libelits och Sulkava, byn Ruotalanniemi i Pielavesi.

213 [220.] **Rusainen.** [(d.l. bosset).] Denna Finnslägt har af Svenskarne fått den granna benämningen Rosas-slägt, och har upptagit byn Rusala (Rosastorp) å Östmarks Finnskog och träffas ännu i byarne Rusala, Öhmölä (Ömmestorp), Hotakkala (Håtacketorp), Södr. Åskasberget å Östmarks finnskog; i Kärmemäki (Ormberget) och Fielan Niki (Löfåsen) å Brandvolds Finnskog, _i Frysjöberget å Grue Finnskog. Har förut bott i byn Grasberget å samma skog. Liksom att sluta efter benämningen, den äfven måtte hafva bott i byn Ruasinmäki (Pylkätorp) å Östmarks finnskog.

Fernov nämner icke denna slägt.

Rusainen är ett namn som anträffas i Enontaipale och Kajana; Rusinen och Rusila hemman i Asikkala. [Pielisjärvi, Ikalmi socknar]

214 [221.] **Ryslöinen.** [(Trysdalingen)] Detta slägtnamn har uppkommit derigenom att någon gång Finnar, från Trysilds Finnskog, nedsatt sig på de södra Finnskogarna _och då man i början ej kände deras slägtnamn, blefvo de emedlertid kallade

Ryslöinen d.v.s. Trysildare, ett namn som de sedan ofta fått behålla, och blifvit behandladt som ett [till]namn för deras efterkommande. _Det kan således finnas helt och hållet skilda slägter, som fått detta gemensamma binamn.

För det närvarande finnes sådana slägter i byn Södr. Löfberget å Grue Finnskog, [och] i Kringsberget å Dalby Finnskog.

Fernov kände icke detta slägtnamn.

I Pielis förekommer väl namnet Rysi, i Fredrikshamn Ryysy, i Wilmanstrand Ryysinen, i Leppävirta Ryysiönen, och i Viborg och Petersburg _Ryysyläinen, hvilka namn icke ha det minsta gemensamt med det här ifrågavarande.

219. [222.] **Savolainen**. [(Savolaxaren)] Denna slägt skall först hafva upptagit byn Salungen å Mangskogs Finnskog, hvilket bynamn skall vara deriveradt af slägtens. Denna slägt är för det närvarande [troligen] utgången.

Fernov nämner den icke.

Slägtnamnet Savolainen förekommer i Jockas, Kuopio, Kangasniemi, Rautalampi, Idensalmi, Nilsiä, Pihtipudas, Hiitula, Kavi, Kontiolax, Ruskiala, Systerbäck och Petersburg, Savola by i St. Michel och Jotiikis.

220 [223.] **Seiloinen**. [(d.l. seglaren).] Denna slägt har [fordom] flyttat från byn Husköln eller Finnbyn i Hogdals Finnskog till byn Lillskog å Ferila Finnskog i Helsingeland. Afkomlingar deraf tordes finnas på båda ställen, och i andra nästgränsande Finnbyar.

Fernow känner ej till namnet.

Namnet Seiloinen anträffas [ännu] i Jockas och Seilainen i Kuopio.

221 [224.] **Seppäinen**. [(d.l. mästaren).] Denna slägt har förmodeligen upptagit byn Seppälä (Bål Pers) å Sverdsjö Finnskog, och byn Seppälä (Lenungen) å Glava Finnskog, hvars efterkommande ännu utgör större delen af innevånarna i denna by, och hvilken först tros vara upptagen af en Matts Seppäinen,

hvilken skulle varit från Finland. En Per Säpp omförmäles i gamla handlingar, daterade af år 1673, såsom boende här i byn. Fernov kände icke slägten.

<small>Detta namn förekommer i Jockas, Sulkava, Kangasniemi, Verolahti, Mohla, Pelyjävesi, Pelyjärvi, och i Petersburg; hvaremot namnet Sepponen i Kontiolax och Piexämäki. Bynamnet Seppälä finnes i St. Michel, Sulkava, Puumala, Kangasniemi, Tammela, Säkkijärvi, Keuru, Hollola, Hoapajärvi, Orimattila, Loirojoki, Ylihärmä och Valkiala.</small>

222 [225.] **Siekinen**. [(d.l. sölmakaren).] Denna slägt träffas för det närvarande boende i byarna Aspeberget, Saunannuppi (Bastuknoppen), Honkahalme (Furuåsen), Pitkäsuvanto (Långflod) Surstahon och Höljys å Dalby Finnskog; _samt i byarna Haukamäki (Höksjöberget) och Halintorppa (Halsjötorpet) å Aasnäs Finnskog. [Bynamnet Halintorppa antyder att stället först blifvit bebyggdt af någon Halinen, hvilken [slägt] numera, härstädes utgången, anträffas i Jockas.]

<small>Siekkinen är ett namn som anträffas i Pielavesi, Rautalampi, Pihtipudas och Sotkamo, Siekel i Savitaipale.</small>

223. [226.] **Siikainen**. [(d.l. siken)] Tvenne bröder, Matts och Thomas [Siikainen], ankomma för [vid] pass 120 år sedan från Fryksände Finnskog i Vermland, till Siikala (Quarnberg) i Säfsens Socken i Vester Dalarne, och angifva att deras förfäder varit hemma från ett ställe i Finland, som hetat Siikasalmi, eller Siikalahti eller något dylikt. [T.ex. Siikakoski, som är beläget i Sulkava socken] _En Hindrik Mattsson S. från Quarnberg, upptager byn Juva (Skärfället) v. p. 1770. _En Thomas Thomasson S. fr. Quarnberg flyttar till Vilhula (Digellia) å Nås finnskog. Anmärkas kan att för det närvarande finnes i Fryksände ingen av denna slägt, men desto flere af slägten Sikainen träffas i Östmark, som är ett [k]apell under Fryksände. Det tyckes derföre vara att förmoda, det en förblandning skett av namnet, så mycket

mer som det i ett finskt öra al[l]tid är mera smickrande att heta Siikainen än Sikainen. Å andra sidan kan man icke neka att ju icke den tiden en sådan slägt kunnat finnas i Fryksände; ty att den ej fan[n]s långt derifrån, nemligen på Vinger Finnskog, är påtagligt. Det den förmodeligen, upptagit och bebodt det numera ödelagda stället Siikaisen autio och hvarest ännu finnas en by benämd Siikajoki (Sikåa) hvars namn tycker härom innebära en påminnelse.

För det närvarande träffas slägten i Brunberget [Brunskölsberget och Östernäsberget] å Malungs Finnskog, i Laukuharju (Våhlåsen) å Äppelbo Finnskog; _i [Juva (Skärfjället) på Remmens Finnskog], Tyyn och Siikala (Quarnberg) å Säfsens Finnskogar, _äfvensom i byn Rågsveden å Svenska bygden i Högsjö, _i Lohilammi (Laxkärnarne) och Vilhula (Digellia) å Nås Finnskog.

Fernov kände icke denna slägt, eller gjorde han [kanske] ingen skillnad emellan denna, och den följande.

Slägtet Siikainen förekommer i Rautalampi, Oritivesi, Wiborg och Tohmajärvi.

224. [227.] **Sikainen**. [(d.l. svinet).] Denna slägt har först upptagit byn Sikala å Östmarks Finnskog, och skall varit hemma från en by af samma namn i Finland. _På samma sätt är förmodeligen det nu mera ödelagda stället Sikaisenlahti (Sikasvik), ett torp, under Tiskarekärn å Gräsmarks södra Finnskog upptagen af denna slägt; som för det närvarande bor i byarne Sikala [(Sikastorpet, eller Södra Rögdåsen, som den äfven i kyrkoboken heter. [En fin flicka af slägten Sikainen från Sikala by i Östmark, var gift med socknens länsman Jonas Hasselroth])], Puttela [(Puttetorpet eller Norra Rögdåsen som den också kallas)], Sipilä (Sigfridstorp), Suhola (Tväråa), Kaupila (Kapestorp), Kotamäki (Lill Ränberget), Nulla (Nolla), Ärnsjön, Gransjön, och Mon under Långerud å Östmarks Finnskog, _i Norra Lekvattnet å Fryksände Finnskog _i Vilhula (Skråckarberget) och Antinaho (under Kinsjön) å Dalby Finnskog, _i Mikkola (Storberget), Mulikkala (Våhlberget)

och Lindtorpet å Grue Finnskog. _Skulle man våga antaga att slägten Siikainen å Finnskogarne i Vester Dalarne vore samma slägt som denna, så funnos den ganska mycket utbredd, äfven på dessa skogar. Fernov benämner slägten: Siikan l.c.

Namnet Sikainen anträffas i Jockas, Sulkava, Piexämäki, Maaninga, Pielis, Jorois, Leppävirta och Kerimäki.

225. [228.] **Siloinen** [(d.l. släta)] Denna numera utgångna slägt, har varit bland de aldra äldsta här å Finnskogarna. Och bebott det sedermera ödelagda stället Siloisen autio å Brandvolds Finnskog. Der träffas nu oföreneliga och uråldriga mastträd upvuxna på ruinerna af byn.

En slägt som heter Siloinen i Finland, känner jag icke; men väl Silainen, som finnes i Kuopio och Liexä, hvilken torde vara densamma.

226 [229.] **Simoinen** [(d.l. söta ungen).] Denna slägt bor ännu för det närvarande i byn Tarvala (Kölsjön) å Hassela Finnskog i Helsingeland.

Simoinen är ett namn som anträffas i Borgnäs, Kihtelysvaara, Tohmajärvi och Rautalampi; Simula by är i Kristina socken.

228 [230.] **Soikkainen** [(d.l. smärta).] Af denna slägt, hade flere bröder kommit från Finland, af hvilka en nedsatt sig Bogen, en i Varaldskogen, en i Tangen, en i Fangnäset, och kanske äfven en i Skullerud, Masterud och Östgården. För det närvarande äro nästan alla byar å dessa Finnskogar upfylde med deras efterkommanden. En Soikkainen skulle fordom bott på Burustorpet i Östmark, men hans gård upbrändes af Svenskarna för att fördrifva honom. _Den gren af denna slägt som bor i Bogen har stundom blifvit kallad Kontinen, måhända att den hetat så på möderne [En Jan Jansson Soikkainen från Stora

Bogen var såsom deputerad för Gunnarskogs finnar, åtföljande den Finska deputationen till Stockholm]. _För det närvarande träffas Soikkaisia i byarne [Värälä (Varaldskouven), Ullala (Svartberget), Larbäcken,] Faunaisi (Fangnäset), Masterud, Tangen, Skuru (Skullerud), Holmen, Sandbäcken, Holmbyen, Aamodt, Linna, Aaberget, Östgaarden, Ingelsrud, Aasmoen, Nybygget, Moen och Snedkermoen å Vingers och Eidskogs Finnskogar. _i Bogen, Varaldsänden i Gunnarskogs Finnskog, _i Haikola (Bredsjön), Lehtomäki (Löfhöjden), Mammola (Spättungen) och N. Lekvattnet å Fryksände Finnskog. _Samma slägt träffas äfven boende i byn Skälkberget å Gränjes Finnskog.

Fernov kallar slägten Sojken l.c.

Soikkainen är ett namn som anträffas å Sulkava och Puumala, Soikkeli i Pasikkala; Soikkala herregård i St. Michel.

229. [231.] **Sojoinen**. [(d.l. musikaliska)] Denna slägt bor i byn Sojomäki (Skåkberget) å Grue Finnskog. Slägtnamnet är [måhända] formerat af bynamnet.

Fernow skrifver Soenn.

Detta slägtnamn har jag icke återfunnit i Finland; hvilket dock, enligt uppgift skall förefinnas i Wiborgs socken.

232. **Sorkainen**. [(d.l. klöfförsedda).] Finnen Danjel Andersson som [1644] uptog byn Södr. Lekvattnet å Fryksände Finnskog, tros hafva varit af denna slägt. Byarna Sorkalampi (Sorkkärn) och Sorkan Rouka (Marklätten) i Östmark, äro kan hända äfven upptagne af samma slägt. Slägten tyckes för det närvarande vara utgången.

Fernov kände icke den.

230 [233.] **Sormuinen**. [(d.l. fingerringen)] En Göran Olson Sormuinen från Finland, skall hafva upptagit byn Sormula (Närsen) å Nås finnskog. Hans prestbevis som ännu intill sednare

åren skulle här funnits i behåll, har varit dateradt Rautalampi i _October månad 1635. Hans efterkommande bebo ännu denna by.
Namnet obekant för Fernow.

Sormuinen är ett namn, bekant i Pohrijärvi, Pielavesi, Tohmajärvi, Piexämäki [Kontiolax, Libelits] Joensuu, Pelyjärvi och _i Petersburg, Sormula by i Piexämäki.

231 [234.] **Sorrainen**. [(d.l. förtryckaren).] Denna slägt har förmodeligen först uptagit gården Sorrila i byn Tarvala (Kölsjön) å Hassela Finnskog, och skall denna slägt ännu bo der i byn.
Fernow benämner [slägten] Sorran.

Icke Sorrainen, men namnet Sorri anträffas i Pielavesi, Pihtipudas kapell af Saarijärvi socken, i Rautalampi och i Liisilä i Ingermanland.

232 [235.] **Sorsa** [(d.l. gräsanden).] En Sorsa tros först hafva bott i Östra Djekneliden å Dalby Finnskog, flyttade sedan därifrån till Kymölä och sluteligen derifrån längre vesterut på skogarna. Nu träffas denna slägt i byarna Yöperinmäki (Abborhöjda) å Vinger Finnskog, och Södr. Löfberget å Grue Finnskog.

Fernov upräknar den blan[d] de i Vermland boende Finnslägter, och kallar den Sors.

Namnet Sorsa skall finnas i Nurmis, Kontiolax och Paldamo.

227 [236.] **Soastainen**. [(d.l. smutsiga).] Denna slägt bor nu i byarna: Öijeberget och Vaisila (N. Viggen) å Ny Sockens Finnskog, _i Neuvola (Bjurberget), Ruohinmäki (under Kinsjön), Ryki (Rögden), Vilhula (Skråckareberget), Ruuhilamminmäki (Dypåsen) å Dalby finnskog _i Räisälä (Löfhaugen) å Grue Finnskog. _i Pulk[k]ila (Östr. Vermunden), Norra Vermunden, och Kirkkomäki (Djuvberget) å Aasnaes finnskog.

Fernov kände ej denna slägt.

Slägtnamnet Saastamoinen förefinnes i Saarijärvi, Idensalmi, Pielavesi, Rautalampi, Nurmis, Kuopio och Juga, Nurmis och i Petersburg.

233. [237.] **Suhoinen**. [(d.l. hväsnaren).] En Erik Suhoinen från Finland, nedsätter sig i byn Löfåsen i Lysviks Socken. Förmodligen har han [äfven] upptagit densamma, efter sen den tiden kallades Suhola. Härifrån flyttade han sedan bort, och upptog byn Suhola (Tveråa) som den tiden låg på Östmarks Finnskog, men nu räknas såsom hörande till bygden. Dock måste hans söner eller slägt quarblifvit i Lysvik, emedan ännu för 25 år sedan, fanns en gammal gubbe i Löfåsen, som kunde litet finska, [och] sade sig heta Suhoinen samt vara en afkomling af den äldsta slägten der i byn. [En Mårten S. upptager Frysjöberg i Grue Finnskog, och någon annan af samma slägt har förmodel. upptagit Suhoisentorppa (Suhestorp) under Långnäs i Gräsmarks Socken.] _En Lars Hindriksson S. köper 1767 byn Lehtomäki (Löfåsen) i Fryksände Socken af en Haikoinen. Då en Michel Sikainen började krafsa åt sig Suhola (Tveråa) fördrefs den gamla slägten därifrån, och utspridde sig åt alla håll. Den träffas nu i byarne: Haikola (Bredsjön); Lehtomäki (Löfåsen) å Fryksände Finnskog, i Närkilä, å Gunnarskogs Finnskog, _i Sorkalammi (Sorkkärn), Hotakkala (Håtaketorp), Nulla, Holland, Karttuisen ohta (Kartberg) och Holmängen (under Suhola) å Östmarks Finnskog. _i Lundersätern å Branvolds Finnskog, _i Tulpa (Dolpetorpet) å Hoffs finnskog, och i Piesala (Peistorpet) å Aasnaes Finnskog.

Fernov tyckes ej hafva reda på den.

<small>Suhoinen är ett namn som förekommer i Jockas, Piexämäki, Nilsiä, Varkaus, Pielavesi, Suonenjoki, Ruskiala, Kontiolax och _i Petersburg. Suihoinen i Kristina socken.</small>

234 [238.] **Suuroinen**. [(d.l. fullt så stora).] Denna slägt har först upptagit byn Suurola eller Suurestorp[p]a (Soranstorpet) på Gräsmarks finnskog och tros den första af denna slägt, som

ditkommit, hetat Hindrik S. _En Erik Samuelson S. från Kähkölä uppt. Saha (Såga) i Fryxände. _I Kähkölä (Kecktorp) lefver en gammal gubbe Samuel Samuelson S. om 80 år gl. Han har i sin ungdom varit den största skytt här å finnskogarna, och sköt [bland annat] en höst [enligt uppgift] innom 5 dygn 60 Orrar och 5 Hjerpar på Millomi skogen. _För det närvarande bor slägten i byarne [Soranstorp], Koakolampi (Longkärnstorp) och Longkärn å Gräsmarks Finnskog, i Kähkölä och N. Lekvattnet i Fryksände Finnskog, _i Risberget å Vaaler Finnskog, _i Suuron och Ulvimäki (Flisberget) å Elfverums Finnskog.

Smith kallar den[na slägt] Suren [hvilken Fernow icke kände] och säger att den fanns i Trysild, uti Norrige.

_{Suuroinen är ett slägt[namn] som anträffas i Kangasniemi, Säkkijärvi och Trångsund. Suurola by förekommer i Kangasniemi.}

235 [239.] **Suutarinen** [(d.l. skomakaren)] Af denna slägt torde för det närvarande ej finnas flere afkomlingar än en enda, nemligen drängen Halsten Anderson Suutarinen, som 1821 tjente i byn Sarvilampi (Homkärnstorp) å Fryksände Finnskog.

Fernov kände ej denna slägt.

_{Suutarinen är ett namn som förekommer i Jockas, Uguniemi [Idensalmi,] och _i Petersburg, Suutari deremot i Jaakimvaara, Liminga, Räisälä och Kexholm, Suutarila by i Hittula.}

236. [240.] **Synnyinen** eller **Synninen** [(d.l. framfödda).] Denna slägt har tilförene bott i byn Norra Ängen å Gräsmarks södra Finnskog, men skulle derifrån flytta öfver till Amerika. De sålde sina gårdar och vandrade på resan, men hindrades i Nerke ifrån sitt företag, med underrättelse att ingen utflyttning skulle ske till nya verden. Hvarefter en del af denna slägt, skall flyttat öfver till Finland, en annan återvändt, och invandrat i Norrige. Detta berättas hafva händt ungefär för 90 år sedan. _Fernow kände icke slägten.

237. [241.] **Taijainen**. [(d.l. mångkunniga).] Man känner ej vidare om denna slägt, än att en finne benämd Gustaf Eriksson Taijainen [från Hogdals Finskogar] beskyltes af Svenskarne att hafva förtrollat Loos´s koboltsgrufva. Så att alt arbete vid denna så mycket lofvande grufva måste afstanna, emedan han försänkt [som man arb.] att maka i den samma, in i jordens sköte. Orsaken dertill sökte man i den stränga behandling Ferila Finnar vederfor, för det de upptäckt detta malmstråk på sina skogar. Ej nog dermed att de småningom förlorade sina hemman, utan de måste äfven arbeta och kola vid grufvan. Numera sedan [kobolts]grufvan öfvergafs hafva de återfått [så väl] sina hemman, som sen skiftats. En medlem troligen af denna slägt är den Elias Taij som Arrelius uppräknar bland de på hans tid i N. Amerika bosatte Finnar och svenskar.

Fernow skrifver Tyan.

Såsom ett minne af detta namn återstår slägten Taijala i Ylistaro, och Tajola by i Kristina socken.

238 [242.] **Tamarainen**. [(d.l. ordentliga)] Denna slägt har fordom bott i det numera ödelagda stället Tamaraisen autio, öster om Ärnsjön i Östmark. _Sörmarksboerna hade uppbränt hans bostad.

Fernov känner icke till detta namn.

Namnet Tamarainen skall ännu förefinnas i Viitasaari socken.

239. [243.] **Tarvainen**. [(d.l. elefanten).] En Hindrik Tarvainen från Rautalampi i Finland, skall först hafva upptagit byn Mangen å Fryksände Finnskog. _En Hindrik Paulson T. begår här ett mord, och rymmer öfver till Räisälä å Grue Finnskog. _Enkan Kirsti Bengtsdotter T. gift med en Himainen i Mångstranden, hade 16 barn, deribland 4 gl. tvillingar. Hon lefver ännu. _Denna slägt har fordom, äfven bott i Bingsjön på Rättviks Finnskog, samt i Hassela Finnskog i Helsingeland. Der en Per Andersson T.

hemma från en by benämd Saunalampi i Savolax, skall jemte sin far, först hafva upptagit byn Tarvala (Kölsjön) i Hassela Socken. Fadren mördades af Svenskarne vid det han skar sin åker. _Do[k]torn Anders Göransson T. hemma från Tarvala by, studerade vid Upsala A[k]ademie och skall sedan blifvit prost i Hassela.

För det närvarande finnes denna slägt i byarna: Mangen, Noppen, Monkanranta, Snipa, Pukbron, å Fryksände finnskog _i Rämälä (Degerberget), Konkari (Kärnberget), & Heinaho [å Ny Sockens Finnskog], Neuvola, (Bjurberget), Elgsjön, Fallet, Kinsjön, Galåsen, Medskog, Rögden, & Nuppi å Dalby Finnskog _i Mulikkala (Våhlberget) och Burustorpet å Grue Finnskog _samt nästan öfveralt å Hassela finnskog i Helsingeland.

Fernov kallar den Tarven l.c.

Tarvainen är ett namn som förekommer i Jockas, Kristina, Piexämäki, Kangasniemi, Kuopio, Idensalmi, Rautalampi och Tohmajärvi. Tarvala by ligger i Saarijärvi socken.

240. [244.] **Tasainen.** [(d.l. jemna).] Nils Nilsson Tasainen från Borrsjön upptager byn Tasala (Söderlia) å Gräsmarks södra finnskog. Förmodligen har någon annan af samma slägt upptagit Tasala (Tastorpet) å samma Sockens norra Finnskog. Likaså tyckes byn Tasstorpet å Ljusnarsberg eller Nya Kopparbergs Finnskog vara upptagen af en Tasainen. Denna slägt finnes nu mera icke [veterligen] annorstädes än i byn Tasala [Tasstorpet, eller] (Söderlia) i Gräsmark.

Fernov kallar slägten Tasser l.c. men benämner straxt derefter en annan slägt, Tassen, hvilket namn förmodeligen är missförstått, och bör beteckna samma slägt som det föregående namnet, emedan [å dessa skogar] ingen finnslägt funnits som hetat Tassinen. Möiligt är ock att han härmed menat slägten Tossavainen, ty man skall gissa braf, om man [vill gissa rätt: eller _ om man vill] veta vad han menar.

129

Slägtnamnet Tasainen skall förefinnas i Asikkala socken.

241 [245] **Taskinen**. [(d.l. Krum-yxan).] Denna slägt skall hafva bott på torpet Taskila under byn Tarvala (Kölsjön) å Hassela finnskog. Dock hålla någon före att namnet är tillkommet på dessa skogar och ej från Finland inkommet. [Detta tro vi så mycket mindre som denna slägt fanns ännu år 1784 kringspridd uti Trysild socken i Norrige, och kallades af Smith Tosker.]

Namnet Taskinen anträffas i Jockas, Sulkava, Rantasalmi, Kuopio och Nilsiä socken; Taskila rusthåll uti Rautalampi och Taskula ett namn i Wiborgs socken.

242 [246.] **Teiskinen**. [(d.l. tripparen).] Denna slägt skall fordom hafva bott i byn Laggsundet å Gåsborns Finnskog, och [måhända] torde det vara den[na slägt], som Fernow benämner Tisk.

243 [247.] **Tenhuinen**. [(d.l. förtjusaren)] En Erik Tenhuinen skall hafva upptagit byn Tenhula (Tenhuinstorp) å Östmarks Finnskog. En Anders Tenh. som påstås varit hemma från Rautalampi i Finland, skall först hafva upptagit Kinsjön å Dalby Finnskog. Och berättar man ännu om honom, att hvar[je] af hans arbetskarl[ar] [alltid] haft en laddad bössa till hands, under hela den tid de upptimrade hans hus _af fruktan för Svenskarne. Denna slägt har äfven bott på Helsinge Finnskogarne, och heter ännu den så kallade Vestra gården i byn Tarvala i Hassela Socken, på Finska Tenhula, till ett tecken att den först blifvit upptagi[n] af denna slägt. Trenne bröder Olof, Lars, och Paul, Erikssöner Tenhuinen, från gården Erkilä i byn Kölsjön (Tarvala) å Hassela Finnskog, gingo ut ifrån bondaståndet, och tog sig namnet Beckvall. Den första var Extra Landtmätare, och dog 1815. Den andra var kronokarl och dog 1818; den tredje dog äfven såsom Urmakare i Stockholm; hvarest hans son Paul Eriksson Beckvall

nu är Hof Urmakare och bor i gården Trångsund vid Stortorget. För det närvarande träffas denna slägt i byarne: Gransjön, Nyckelvattenstorp, Puttola, Tenhula å Östmarks Finnskog _i Mangen å Fryksände finnskog _i Höljyxenmäki (Uggelheden) Kinsjön, Riitaho (Kinsjöberget), Andersstubben, å Dalby Finnskog.
Fernov kallar slägten Tenhune l.c.

Man anträffar namnet Tenhuinen i Jockas, Piexämäki, Moaninga, Idensalmi, Rautalampi, Pielis, Pihtipudas [Leppavirta och Pielavesi] och Viborg; Tenhunen i Jorois och Tenhukangas i Frantsila. Äfven finnes en socken benämnd Tenala.

244 [248.] **Tiiainen** [(d.l. mesen)] Denna slägt bor i byarna Östernäsberget å Malungs Finnskog och i granberget å Säfsens Finnskog. Och troligt är att det är samma slägt som följande, ehuru namnet [kunnat] undergått en förändring på olika orter.

Slägten Tiainen (Icke Tiiainen) finnes i Jockas, Sulkava, Pihtipudas, Nurmis, Parikkala, Nyslott [Uguniemi] och _i Petersburg.

245 [249.] **Tiihoinen**. [(d.l. karga).] Denna slägt måtte förut hafva bott eller upptagit gården Tiihola i byn Suurola (Soranstorp) å Gräsmarks finnskog. Samt träffas ännu i byarna Hvitkärn å Östmarks Finnskog, och [i] Stensgårds Utskog å Fryksände Finnskog.
Fernov kallar den Tyan. l.c.

Namnet Tiihoinen förekommer i Jockas, Kangasniemi, Piexämäki, Viborg, Taipalsaari och _i Petersburg; byar med namnet Tiihola finnas i Kangasniemi, Kuopio, Rautalampi och Nilsiä.

246 [250.] **Tiitinen**. [(d.l. tättingen)] Denna slägt har förmodeligen upptagit och bebott Tithöjda en fjerdels mil i söder från byn Gängene å Glava Finnskog i Gilbergs härad.

Fernow kände ej till den.

I Jockas, Kuopio, Leppävirta, Rantasalmi och Pihtipudas råkar man ännu slägten Tiitinen; och Tiitilä by finnes i Rautalampi socken.

247 [251.] **Tikkainen**. [(d.l. hackspetten).] Denna slägt bor ännu i byn Hynnilä (Spaksjön) å Svärdsjö Finnskog; samt har förmodeligen först upptagit byn Tikkala å Ockelbo Finnskog i Gestrikeland.
Fernow kände ej till den.

Namnet Tikkainen träffar man i Jockas, Kristina, Kuopio, Idensalmi, Piexämäki, Rautalampi, Nilsiä, Törnävä, Kiuruvesi, och _i Petersburg; namnet Tikka i Kristina, Kemi, Jakimvara och Sordavala; Tikkinen äfven i Jaakimvaara; i Piexämäki finnes Tikkalamäki by.

248. [252.] **Tilkinen**. [(d.l. stoppningskilen)] En [medlem] af denna slägt upptager Tilkintorpa [Tilktorpet] hvilket ställe han fick till hemgift; för det han gifte sig med en Hokkaises doter i Hokkhöida å Brunskogs finnskog. Och detta skall vara orsaken att innehafvaren å Tilktorpet, än i dag ej skola betala någon skatt derföre till kronan utan skall den ännu utgå från Hokkhöjda. _En Lars Tilkin flyttade sedan härifrån till Seppälä (Lenungen) å Glava finnskog _En annan Tilkinen äfven med det tillnamnet Lars, skall hafva upptagit Tilktorpet på Treskos ägor å Gunnarskogs Finnskog [men sedan Treskobönderna slogo ihjäl hans hustru, flyttade han bort, man visste icke hvart, och hemmanet föll under Treskog. Kanhända var det just han som anlände till Lenungen å Glava finnskogarne.] Denna slägt träffas ännu i byn Kukkola (Långnäs) i Gräsmark.

Förmodeligen är det denna slägt som Fernov kallar Tisk hvilket torde vara ett tryckfel i stället för Tilk.

249 [253.] **Timmoinen**. [(d.l. yttraren).] En Timmoinen, hvilken skulle varit kommen ifrån Finland, skall hafva upptagit det

numera ödelagda stället Timmola, invid byn Tarvala (Kölsjön) å Hassela Finnskog. [Förmodeligen har det varit denna slägt som först upptagit Timotorp ett litet stycke från byn Kalåsen, under -- --berg, å Glava finnskog.] Möiligt är att samma slägt [äfven] bott i Timbonäs i Gräsmark, som deraf [tyckes hafva] fått sitt namn, äfvensom det tätt derintill beläg[n]a Tinhöida, eller Timhöida, å Gunnarskogs Finnskog. Namnet är okändt af Fernow.

Väl förekommer namnet Timoinen i Lemingo och Nurmis, och Timola by finnes i Leppävirta; men att detta skall motsvara namnet Timmerinen _vill jag dock icke påstå. [Snarare skulle kanske namnet Immoinen och Immula förekomer i Jockas, m.fl. kunna vara deremotsvarande]

250 [254.] **Toivakkainen**. [(d.l. förhoppningsfulla).] En Toivakkainen, från finland, bodde ett par år i en bergshåla nära Bingsjön å Rättviks finnskog i Dalarne, hvilken håla förmodligen i anledning häraf fått namnet Trollhållan. Den är verkligen Singulär, och liksom tillkommen genom konst, dock nog trång till boning, för en menniska. Vid den tid Toivakkainen der hade sin bostad, var Bingsjö finnmark ännu befolkad. En backe i granskapet benämnes äfven efter honom Toivakkamäki.

Fernow kände ej till namnet.

Namnet Toivakka påträffas i Kristina, Kangasniemi, Piexämäki och Kanhajoki; och Toivakko by i Idensalmi.

251 [255] **Torniainen**. [(d.l. Torneåbon)] Man känner icke med vis[s]het, om denna slägt funnits i Sverige, man förmodar det efter ett gammalt Fäboställe på Orsa Finnskog, ännu kallas Tornismäki, beläget vesterut i från Hamra by.

Namnet Torniainen förekommer i St. Michel, Kristina och Puumala.

252 [256.] **Tossavainen** [(d.l. tokiga).] En Sigfrid Mårtenson Tossavainen, ifrån Finland, upptager först byn Fågelsjön å Mora

Finnmark i Österdalarne. Hela denna by är [än idag] af denna slägt bebodd. En gubbe Halfver Andersson T. härstädes är en beryktad bössmed. Utom i [byarne Fågelsjön, Lilltandsjön och Mixsjön i denna del af] Dalarne finnes denna slägt [äfven] i byarne Kupila (Hjerpliden), Höljyxenmäki (Uggelheden) och Possåsen å Dalby finnskog, samt i byn Kyndalen å Aasnäs Finnskog. [En del af denna slägt har af de Svenske blifvit kallade Bertilsfolk. Arrelius omtalar en Lars, en Matts, en Johan, en Hindrik och Olle Tossa, hvilka redan på hans tid voro bosatta i N. Amerika, och hvilka alla troligen voro af denna slägt.]
Måhända är det denna slägt Fernov kallar Tassen.

Tossavainen är ett namn som igenfinnes i Jockas, Kuopio, Rautalampi, Idensalmi, Nilsiä, Pihtipudas och Kontiolax, Tossalansaari en by i Piexämäki, och Tossavalanlaho en by i Pielavesi.

257. **Tönnöinen**. [(d.l. kulting)[en]]. Den så kallade Tönnes Jöns eller som Fernov [p.290 kallar honom] Tornes Jöns, en finne som nedsätte sig i Dufvedalen i Carlskoga Socken, och tros varit den första som bebyggde den orten, har förmodeligen varit af denna slägt. Han skulle varit kommen från Paskra bro i Finland [säger Fernow] och anmärk[ningsvärdt är] att [just] samma slägt fordom bott på Töne gård i Orimattila Socken, samt att ej långt derifrån äfven är en by benämd Packas. Månne ej äfven Tönnebyn, som skall vara en bland de äldsta finnbyarna [å Silleruds finskog] i Gilbergs härad, och hvilken redan i lång tid blifvit räknad såsom hörande till Svenska bygden, dermed kan förråda någon slags gemenskap. Fernow upptager ej namnet.

En by benämnd Tönnilä finnes i Sulkava socken, och en annan benämnd Tönttölä; i Ingermanland,

258. **Töröinen**. [(d.l. surmulna).] Denna slägt är numera utdöd, men har förmodeligen upptagit byn Törölä (Näs-skogen) å Gräsmarks södra Finnskog. Slägten okänd af Fernow.

Törröinen är ett namn, som påträffas i Ilomanto, Pelkjärvi och Sulkava.

253 [259.] **Tuppurainen** [(d.l. hvirflaren)]. En Sigrid [Tuppurainen] har upptagit Tuppetorp, eller som det äfven heter Sigfridstorp, å Glava Finnskog. Af hvad slägt han varit, minnas man icke mera, men Svenskarne kallade dem för Tuppe-slägtet. Man skulle kanske [möjligen] kunnat tro att det vore en [svensk] öfversättning af namnet Kukkoinen. Men man Finner i gamla handlingar af åren 1701. och 1702, en af hans efterkom[mande] öfverallt kallad Johan Mattsson Tuppr; hvilket sannolikt enligt den rådbråkning Svenskarne gjorde med de Finska namnen, skulle betyda Tuppurainen.
Fernow omnämner ej slägten.

Familjenamnet Tuppurainen anträffas i Jockas och Nurmis, bynamnet Tuppurala i Leppävirta.

254. [260.] **Turpiainen**. [(d.l. uppsvälda).] Denna slägt har troligen först upptagit byn Turpiala [Turbeinstorp] å Aasnaes Finnskog; samt träffas ännu, utom i nämde by, i byn Ryki (Rögden) å Dalby finnskog.
Förmodeligen är det denna slägt Fernov [först] kallar Torpan och kort derefter Urbian _såframt han i förra fallet, ej menar den följande.

I Finland förekommer slägten Turpiainen i Kivinebb; Turpeinen [eller Turpinen] i Kides, [Idensalmi och Ilomanto,] Eno och Pielisjärvi och _i Petersburg.

255 [261.] **Turpoinen** [(d.l. med trut försedda).] Paul Larsson T. med sin son Erik Paulsson upptager nuvarande kyrkobyn i Säfsens Socken i Vesterdalarne. Deras efterkommande Finnas här i byarna öfver allt. _En Erik Hindriksson Turpoinen upptager Flatberget å Nås Finnskog. I anseende till namnens likhet skulle

135

man nästan kunna anse denna slägt, vara af samma härkomst som den förra.

256 [262.] **Tyyhyinen.** [(d.l. lugna).] Denna slägt bor för det närvarande i byarna Råxåsen och Vakerskogen å Järna Finnskog. och [troligt är det denna slägt Fernow benämner Tyan, ehuru vi antaga att han härmed åsyftade namnet Tiihoinen.]

155 [263.] **[O]avinen**[3] [(d.l. anaren)] är namnet på den slägt som bor i byn Oavila (Aven) å Dalby Finnskog, Dock känner man icke om slägten här [lik]som annorstades, gifvit namn åt byn; eller om byn gifvit namn åt slägten. _Fernov känner den icke.

Oavinen är ett namn som jag endast påträffat i Pungalaitio socken; och är måhända ursprungligen det samma som Auvinen, hvilket förekommer i Jockas, Puumala, Sulkava och flera andra socknar.

261. [266] **Uotinen.** [(d.l. väntande)] Denna slägt har förmodeligen först upptagit Uotila (Runsjötorp) i Östmark. Bor för det närvarande i Pahkalampi under Kelkeruds utskog i Fryksände. Några deraf äro boende såsom tjenstefolk i N. Lekvattnet, i fryksände, och i Kössölä (Kösstorpet) i Gunnarskog. _Fernov kände ej slägten._

Namnet Uotinen anträffas i Jockas, Sulkava, Piexämäki, Pielis och Idensalmi, Uoti i Kinkkais kapell af Eura socken; Uotila by finnes i Randasalmi, Loppis, Urdiala, Lempälä, Tyrvis och Rongu kapell af Vänä socken.

259 [264.] **Ukkoinen** [(d.l. gubben).] Denna slägt har först upptagit gården Ukkola i Tarvala by (Kölsjön) å Hassela Finnskog. _Om byarna Ukonhauvat (Tolgrafven) å Dalby

---

[3] Namnets stavning har ändrats från Uaavinen til Oavinen och därmed fått ett nytt ordningsnummer.

Finnskog, och Ukonmurto å Östmarks Finnskog, härmed skulle hafva någon gemenskap, känner man icke. _Troligen hafva de det icke, dock hafva deras åboer stundom äfven blifvit kallade för Ukkoisia. För Fernov är namnet obekant.

Slägten Ukkoinen lefver och vegeterar i Jockas, Kristina, [St. Michel, Piexämäki,] Puumala, Kangasniemi, Kuopio, Tuusniemi, Nilsiä, Kivinebb. Ukkola heter en herregård i Jockas och en by i Nilsiä socken.

260 [259.] [265.] **Unnainen** [(d.l. sömntutan).] Byn Unnala (Untorp) å [Orsa] Finnskog i Öster Dalarne, skall af denna slägt första vara upptagen.

Fernow känner ej till namnet.

I Kangasniemi finnes en by, som heter Unnukka, eller Unnukkala, såsom ett minne af detta namn.

262 [267.] **Utriainen.** [(d.l. arma?)] Matts Johansson Utriainen, känd [så]som en berycktad slagskämpe, lefde såsom inhyses i Djekneliden i Dalby. Den ena af hans söner nemligen Johan Mattsson U. upptog först Dypen, och den andre Olof Mattsson upptog först [torpet (numera byn)] Tjärbacks-stranden, [[i Dalby socken, för hvilken förseelse också svenskarne, [till tacksamhet härföre] då de med en båt skulle sätta honom öfver Klarelfvven, ihjälslogo honom och kastade liket i elfven.] Denna slägt bor ännu quar i byn Ruuhilamminmäki (Dypåsen).

Fernov kände icke denna slägt.

Namnet Utriainen existera[de] i Jockas 1442, numera i Piexämäki, Karttula, Idensalmi, Rautalampi, Pielavesi och Pihtipudas. Utriala by i Piexämäki, Utrialax i Kuopio, och Utrasniemi i Seäminge.

263 [268] **Vainoinen.** [(d.l. saliga).] Pigan Kari Olsdotter Vainoinen, torde vara den sista afkomlingen af denna slägt, hon

tjente 1821 hos Bonden Halsten Halstenson Karttuinen i Karttula (Karttorp) å Fryksände Finnskog. _Fernov kände icke slägten.

I Finland förekommer namnen Vainiopää i Laitiala socken, och Vainikkainen i Kuopio, Idensalmi, Nilsiä och Pihtipudas socken.

264. [269.] **Vaisinen**. [(d.l. halfmogne).] Denna slägt har först upptagit byn Vaisila (N. Viggen) å Ny Sockens Finnskog. _En Paul Vaisinen från Vaisila upptager först byn Södra Lystadberget i Brandvolds Finnskog. [En Hindrik Andersson V. från Norrska gränsorna flyttar till Matila (Nybofjäll) å Malungs finnskog.] För det närvarande träffas denna slägt i byarne, Vaisila, Vanshöuvä (Svenshöjden), Monkamäki (Mangslidsberget), Flatåsen, och Nullamäki å Ny Sockens Finnskog _i Kinsjön, Nikkarila (Makkarkärn), Talakara (Blindhanstorp) & Lehtolamminaho, å Dalby finnskog _i Saunoila (Vestr. Mullkärn), & Björnkärnshöjden å Östmarks Finnskog _i Långsjöhöiden och Härköisen autio (Quarnberg) å Fryksände Finnskog _i Lystaberget å Brandvolds finnskog _i Kalsjöberget, Molldusen, och Puaalala (Tysktorp) å Grue finnskog. Samt i byn Vestra Näsberget å Ny Sockens Östra Finnskog, ditkommen efter berättelse från Järna finnskog. Fernov kallar slägten: Vajsen.

Namnen Vaitunen i Uguniemi, Vaittinen i Kerimäki och Kangasniemi, samt Vaitiainen i Karttula och Rautalampi stå härmed ej i någon förening.

265 [270.] **Valkoinen**. [(d.l. ljuslätta)] Stamstället för denna slägt är obekant; men för det närvarande träffas den i byarne: Ernsjön, Fäbacken, Södr. Åskogsberget, och Norra Rögdåsen å Östmarks finnskog. _i N. Lekvattnet å Fryksände finnskog _i Kärmemäki (Ormberget), Bilit å Brandvolds Finnskog _i Orala (Orainstorpet), Tangen, Mängen och Siikajoki (Sikåa) å Vingers Finnskog _i Grasberget, Erkomäki (Gla Säterberget), Rundhaugen, Lönnhöjden, Molldusen och Millomi å Grue Finnskog.

Fernov kände icke denna talrika slägt.

Namnet Valkoinen fortlefver i Jockas, Kristina, [St. Michel,] Piexämäki, Idensalmi, Rautalampi, Pihtipudas och Voutia, bynamnet Valkola finnes i Kristina och Uleåborg.

267 [266] [272.] **Varpuinen** [(d.l. sparfven).] Afkomlingar af denna slägt träffas i byn Surstahon å Dalby Finnskog. Fernov kände den icke.

Namnet Varpuinen förekommer mig obekant i Finland, dock anträffas Varpais i Idensalmi, och byn Varparanta i Jockas.

268 [273.] **Vappuinen**. [(d.l. prällaren).] Denna slägt har förmodeligen uptagit byn Vappuisenmäki (Dymåsen) i Säfsen. Träffas äfven i byarna Skattlösberget och Abborberget å Gränje Finnskog, samt i Koa[k]kolampi (Långkärnstorp) å Gräsmarks Finnskog, och i Norra Lekvattnet å Fryksände Finnskog.
Fernov kallar slägten Vappen l.c.

Af detta namn återstår bynamnet Vappula i St. Michel.

269 [274.] **Vauhkoinen**. [(d.l. skuggrädda)] Denna slägt har förut bott i det numera ödelagda stället Vauhkoisen autio straxt till söder om byn Ärnsjön i Östmark. _En Mårten Vauhkoinen har upptagit gården Vauhkola eller Mar[t]tila i byn Aspeberget å Dalby Finnskog. Nu träffas denna slägt endast i Norrige, nemligen i byarna Grabergsmoen, Södra Graberget, Kataamäki (Enberget), Rajaho (Rådelsbråten), Risberget och Edsberget å Vaalers Finnskog, samt i byarne Hannamäki (Hänberget) och Grannerud å Elfverums Finnskog.
Fernov kände icke slägten.

Vaukkoinen är ett namn som ännu återfinnes i Jockas, Piexämäki, Rautalampi, [Kides och Bräkylä]. Vaukkola by är i Suonenjoki och i Piexämäki.

266 [271.] **Vantinen** [(d.l. släphängaren)] Osäkert är om en slägt med detta namn funnits. Men efter en af Finnbyarne på Alfta Finnskog i Helsingeland, heter Vantila på Finska, så är det all anledning att förmoda, enligt hvad som plägat vara bruket, (att nämligen bynamnet uppkommer af slägtnamnet) _ att byn först blifvit bebodd af en Vantinen. Detta namn, okändt äfven för Fernow, torde rätteligen böra förenas med det följande.

275 [276.] **Väntäinen** [(d.l. påklapparen)] Af denna slägt torde endast tvenne ättlingar återstå, nemligen hustrun Karin Andersdotter Väntäinen, gift med bonden Hindrik Thomasson Roatikkainen i Svenshöjden å Ny Sockens finnskog, och pigan Maria Persdotter Väntäinen, i tjenst år 1821 hos bonden Hindrik Hindriksson Hämäläinen i Rämälä by (Degerberget) å samma finnskog.
Fernov hade sig icke denna slägt bekant.

Namnet Väntäinen påträffas i [Sulkava] men Vänttinen i Kides, Leppävirta, Rantasalmi, Tavastehus och _i Petersburg.

275 [275.] **Väisäinen**. [(d.l. undflyende?).] Denna slägt har först upptagit byn Väisälä (Fallåsen) å Uggelbo Finnskog i Gestrikeland och torde ännu lefva å dessa finnskogar. _Fernow upptager icke namnet, hvilket rätteligen torde vara synonymt med Vaisinen.

Slägtnamnet Väisäinen finner man i Jockas, Moaninga, Piexämäki, Rautalampi, Idensalmi, Nilsiä, Pihtipudas, Kuopio, Viborg, Lapinlax och _, Väisälä by finnes i St. Michel och Piexämäki, och Väisälämäki i Idensalmi.

270 [277.] **Veteläinen**. [(d.l. löskläckta)] En Danjel Veteläinen från Finland bosätter sig i byn Medskog å Dalby Finnskog, å det ställe der en Finne allmänt kallad Skarp Johan förut bodde. _En Danjel Danjelson V. i Tysjöberg å Aasnäs Finnskog [i Norrige] är en namkunnig jägare; han har, utom andra vilddjur, redan skjutit 64 Björnar. Han lefver ännu och är blott vid pass 40 år gammal.

_En Erick Bertilsen Veteläinen från byn Pakkala (Backen) å Aasnes Finnskog, var såsom Deputerad för Aasnaes Finnarne upgången med den andra finska deputationen til Stockholm 1823. Blef ut[sedd] till den första Länsman i Kirveskankas Socken, och var en af [mina finska] [k]orrespondenter. _Denna slägt finnes nu boende i byarna Puaalala (Tysktorp) å Ny Sockens Finnskog _ i Kekklia (Djekneliden), Fallet, Skåråhon, Kirrkomäki (Djuvberget), Possåsen, Kinsjön, Medskogen, Galåsen, Nuppi, Heinaho (under Rögden), Vilhula (Skrockarberget), Ukonhauvat (Tolgrafven) & Bograngsberget å Dalby Finnskog _i Södra Löfberget å Grue Finnskog _i Kilpola (Gransjön) & Ruökä (Röuken) å Hoffs Finnskog _i Pakkala (Backen), Piesala (Peistorpet), Södr. och Norra Vermunden, Norra Vermundsberget, Puro (Ernundsbäcken), Venberget, Lindberget, Halkojen å Aasnaes Finnskog _i Norra Grabergsmoen å Vaalers Finnskog._

Fernov har icke känt denna vidlyftiga slägt_

Namnet Veteli förekommer Idensalmi; men icke Veteläinen, hvilket, enligt uppgift, skall anträffas i Viborgs socken.

271 [278] **Vihoinen.** [(d.l. argsinta).] En Olof Vihoinen lärer förmodeligen hafva upptagit [Vasikka aho] (Kalfhöjden) [nära] Norra Ängen å Gräsmarks södra Finnskog, eftersom det i gamla handlingar kallas Ulle Vihoinstorp. Samma slägt har förmodeligen äfven upptagit Vihoisentorpa (Viandstorp) under Norra Ängen, å samma skogstrackt. _Afkomlingar af denna slägt bor ännu i Tiskarekärnen.

Fernov kände icke namnet.

Vihuinen är ett namn som anträffas i Jorois och Kontiolax; Viholainen i Kangasala: Viholaniemi by i Jorois.

272 [279.] **Viiksinen**. [(d.l. skäggläppade)] Denna slägt träffas boende i byarna Neuvola (Bjurberget) och Ullila (Lia) å Dalby Finnskog, samt kallas der vanligtvis Viiksoja.
Fernov kände den icke.

273 [280.] **Vilhuinen**. [(d.l. ögonblängaren)] Bröderne Paul, Sigfrid och Olof Hans Söner Vilhuisia, från Finland, skall först hafva bott någonstädes nära norrska gränsen; men sedan återkommit derifrån, och bosatt sig å skogarne i Vesterdalen; så nemligen att Paul V. upptagit byn Vilhula (Digellia) å Nås Finnskog; Sigfrid V. uppt. byn Sipintorpa (Sigfridstorpet) å samma Finnskog; och Olof uppt. Rynkä (Kroktorp) å Järna Finnskog eller åtminstone nedsatt sig här. _En Matts V. tros hafva upptagit Tönnebyn å Långseruds Finnskog, och var ökänd för en stor trollkarl, samt var närmaste granfar till Johan Sigfridsson en lika utskriken trollfinne som bodde å hemmanet Basterud å Gilberga Finnskog och hvarom Consistorium i Carlstad [k]orresponderade med Consistorium i Skara på 1720-talet [jämf. Carlstads Veckoblad för 1795, no 32) _En Olof Hindriksson Vilhuinen "husman" kallad i Nya Kopparberg, reser derifrån 1650, och upptager 1653 byn Vilhula (Skråckareberget) å Dalby Finnskog. _Samma slägt ehuru i andra grenar, hafver förmodeligen upptagit byarne Vilhula (Notkärn) å Säfsens Finnskog, och Vilhula (Villola) å Stöde Finnskog i Medelpad; å hvilket sednare ställe äfven finnes ett fjäll, som än idag af de Svenske kallas Villolafjället. _Denna slägt träffas ännu utom i Dalarne och Medelpad, i följande byar uti Vermland. Nemligen i [Vilhula] (Djekneliden), Murtomäki (Våhlberget), Fallet, & Skrockareberget å Dalby Finnskog.
Det är nog underligt att äfven denna slägt var för Fernov okänd.

Vilhuinen är ett slägtnamn, som anträffas i Jockas, Karttula, Piexämäki, Rautalampi, Pielisjärvi, och _i Petersburg, byn Vilhula är belägen i Piexämäki.

274 [281.] **Virolainen**. [(Estländaren)]. Denna slägt har fordom bott vid stranden af sjön Hyn i Svärdsjö, på det ställe där Lingheds fäbodar nu stå. Fernow känner ej till namnet.

Virolainen är ett namn, som förekommer i Rautalampi, Pyhäjärvi, Valkiasaari [Kesälax, Molas (der en by befinnes äga detta namn)] och _i Petersburg; namnet Viroinen endast i Pihtipudas.

277 [282.] **Yökköinen** [(d.l. nattgästen)] Denna slägt bor i Quennbacken å Vaalers Finnskog, och torde träffas vidare mera nordligt å Trysilds Finnskogar. [Monne det kan vara denna som Fernov kallar: Höken.]

278 [162] **Öhmöinen**. [(d.l. stönaren)] En Paul Öhmöinen upptager först Öhmölä (Ömestorp) i Östmark, nu träffas denna slägt ej annorstädes än i Svenshöjden å Ny Socken.
Fernov kände ej den.

Utom dessa gamla slägtnamn, förekomma åtskilliga andra benämningar, hvarunder åtskilliga af de invandrande af Finnar[ne], blifvit kände, som t.ex. Suomen Lauri, Suomen Mikko, Suomen poika, o.s.v. En och annan har äfven haft Svenskt namn, som Bergström, Backman m.fl. af dessa hafva de förra såsom [tillfälliga och] blott temporaire, ej öfvergått på barnen, och de sednare hafva antingen utdödt, eller småningom öfvergått till Finska slägter. Dessutom finnas ännu ett slags slägtnamn, som uppkommit derigenom, att de Svenska soldatnamn, några af dessa finnar erhållit, under den tid de varit i krigstjenst, stundom blifvit bibehållne och gjorde till famillenamn för deras barn och [efterkommande], hvilka derigenom, fått dubbla slägt namn _ett Finskt och ett Svenskt. Till de förre höra t.ex. Stark, Köpman, Trollbusk, Sveper, Munk, Blom, Tång, Råbock, Holland, Krugg, Vestgöthe, m.fl. Att många af de gamla Finska slägtnamnen äro förgångne och ej komna till vår kunskap _är naturligt. Bland de Finslägter Fernov sid. 528 & 529 anförer, träffas redan många, hvaraf numera _efter blotta 50 år _intet spår [återstår eller] finnas öfrigt. Ehuru han skrifvit dem med så oriktiga [k]arakt[e]rer att man förgäfves söker gissa sig fram, till de flesta, [vilja] vi likväl för samlingens skull anföra dem här. De äro följande - Brommos, Burrus (kanske, Purrhuinen?) Haddock (kanske Hottaka?) Hammen (Hamuinen?) Hortan (Hurtainen?) Kirgelan (kanske Kirjalainen?) Kolenen (Kolemainen?) Korran (Korhoinen?) Kortan (Kuortainen?) Mackelin (Mäkäläinen?) Majnen (Maininen?) Makran (Makkarainen?) Neiken (?) Natan (N[o]atinen?) Ojen (Ojoinen?) Porkelan (Porkelainen?) Pinsen (?) Rink (Rinkinen?) Sinp (?) Soenn (Sojoinen?)

Följande text är skriven på ett löst, inbundet blad efter släkten Hamuinen. Texten visar tillägg och ytterligare fakta Gottlund samlat in under sina resor:

Inkinen
Rujanen
Kupponen, St. Andrea
Huikka, Nurmis
Niemelä, Vehkalax
Tottari,   Rämö
Jäntunen, Jaakkima
Pääkkoinen, Hiitola
Tapanen
Hurmalainen
Lyytikäinen, Slavanka
Toivanen
Rukka
Räsänen, Moloskuvits
Mononen, Bräkylä
Tiainen, Uguniemi
Tukiainen
Kankkunen
Mieluinen
Suutarinen
Mottinen
Rautio, Slavanka
Halunen, Viborg
Nisunen, Viborg

Kuponen, Rantasalmi
Nuukkarinen, Viborg
Hyppoinen, Jaakima
Anttönen dt
Pesola, Ala Härmä

Nenonen, Sordavala
Mursky, dt
Netti
Piippu, Pargala
Pekkanen, Pargale
Käkelä
Karppinen
Räjänen
Kokki, Liffland
Juutti
Lantala, Sippola
Hara
Kurki
Silaninen
Jungula
Sämpilä
Pärhunen
Sahanen
Sitiö, Nilsiä
Nisunen, Vibo

Slägten Kuusmainen finnes ännu i byn Aspeberget i Dahlby finnskog. och i Haukkamäki, på Norrska sidan
Henrik Olsen Kuusmainen i. byn
Haukamäki i Aasnaes socken
byn Hoavala (Hofva) i Ore finnmark

Henrik Eriksson Perkiläinen, å Kelkeruds utskog i Fryksände socken

Torparen Jonas Hendriksson Kuusmainen i Fryksände / Murtulahto och Våhlberg

-----. Henrik Olsen Kuusmainen, i byn Haukamäki i Aasnaes.

Sigurd Olsen Tulpa i Hoffs finnskog

Navinen, Per Johansson, i Hujula by i Aasnäs finnsk

Kuusmainen, H. Brita Clemetsdotter i Hjerpliden i Dalby

Navinen, Peder Pedersen, i byn Björnsjöberg, på Grue finnskog. äfven i Rottnaberg --- Ving-

Käll- och litteraturförteckning

Otryckta källor

C. A. Gottlunds samling, VII:9:9. Förteckning å familjenamnen på de svenska och norrska finnskogarna. Finska Historiska Samfundets samling, Finska Riksarkivet.

Tryckta källor

Det skogsfinska kulturarvet. Red. Maud Wedin. Finnsam/Finnbygdens förlag. Motala 2001.

Ericson, J., *Finnar i väst*, Skrifter utgivna av föreningen för Värmlandslitteratur 10. Surte 1990.

Forsberg, Anna & Persson, N., C. A. *Gottlunds nedteckningar av finska släktnamn i husförhörslängderna 1820-1825 för Norra Ny församling.* Veidarvon. Gävle 1999.

Forsberg, Anna & Persson, N., C. A. *Gottlunds nedteckningar av finska släktnamn i husförhörslängderna 1820-1825 för Dalby församling.* Veidarvon. Gävle 2000.

Forsberg, Anna & Persson, N., C. A. *Gottlunds nedteckningar av finska släktnamn i husförhörslängderna 1820-1824 för Fryksände församling.* Veidarvon. Gävle 1999.

Forsberg, Anna & Persson, N., C. A. *Gottlunds nedteckningar av finska släktnamn i husförhörslängderna 1821-1827 för Östmark församling.* Veidarvon. Gävle 2000.

Gottlund C. A., *Dagbok öfver dess resor på finnskogarne i Dalarne, Helsingland, Vestmanland och Vermland 1817.* Dalarnas Museum/Finska litteratursällskapet. Malung 1984.

Gottlund, C. A., *Dagbok över mina vandringar i Wermlands och Solörs finnskogar 1821.* Gruetunet Museum/Finska Litteratursällskapet. Malung 1986.

Lundin, L., *Carl Axel Gottlunds 1800-tal - Svensk-finska bilder.* Eget förlag. Gävle 2001.

Olovsson, O., *Finska släktnamn i mellersta Sverige och Norge.* Lions. Torsby 1979.

Persson, N. & Forsberg, Anna, *C. A. Gottlunds nedteckningar av finska släktnamn i husförhörslängderna 1819-1823 för Gräsmark församling.* Veidarvon. Gävle 2000.

Tarkiainen, K., *Finnarnas historia i Sverige*, del 2. Finska Historiska Samfundet/Nordiska Museet. Helsingfors 1993.

Trøseid, H. M., *Grueboka - finnskogen.* Grue kommune. Fagernes 1990.

Register

För att underlätta återsökning av ortnamn, återges här den moderna stavningen av by-, gårds- och sockennamn i Norge, Finland och Sverige.
Efter by- eller gårdsnamn anges socken eller finnskog/finnmark/finnbygd.
Läsaren bör vara uppmärksam på att sockenindelningen ändrades under 1800-talet. Hänvisningar till äldre sockenindelningar anges dock i registret, enligt Gottlunds samtida indelning.
Släktnamnens stavning har inte förändrats eller moderniserats.

A

Abborrberg, Grangärde finnmark, 98, 138
Abborrhøgda (Yöperinmäki), Vingers finnskog, 60, 73, 124
Abrahamstorpet (Ämtilä), Vinger finnskog, 29, 60, 64
Acksjön, Malungs finnmark, 92
Alavo kapell, Kuustane socken, Finland, 31
Alfta finnskog, 27, 44, 46, 108, 110, 117, 139
Alundbekken (Puro), Åsnes finnskog, 18, 140
Ampiainen, 13
Andersstubben, Norra Finnskoga, 22, 130
Antinaho, Södra Finnskoga, 121
Antuansaari socken, Finland, 56
Arnsjön, Östmark, 34, 40, 45, 53, 56, 68, 80, 88, 121, 127, 138
Arpiainen, 14
Arpiaisen torppa, Gräsmark, 14
Arvetorpet, Brandval finnskog, 91
Asikkala socken, Finland, 56, 57, 70, 118, 129
Aspberget, Norra Finnskoga, 16, 17, 18, 57, 67, 84, 98, 120, 138
Aven (Uaavila), Norra Finnskoga, 18, 34, 84, 135
Avradsberg, Malungs finnmark, 17
Avundsåsen (Kymölä), Södra Finnskoga, 22, 34, 38, 67, 83, 111
Axland, Gunnarskog, 116

151

B

Bakken (Pakkola), Åsnes finnskog, 71, 97, 140
Barktorp, Äppelbo finnmark, 18, 52, 57
Barskjulet (Havukota), Brandval finnskog, 72, 85
Basterud, Gillberga, 141
Bastuknappen (Saunanuppi), Norra Finnskoga, 84, 104, 120
Bastvålen, Östmark, 88, 91, 96
Bengtstorpet (Pennala), Bogen, 95, 112
Bertilstorpet, Järna finnmark, 73
Bilitt, Brandval finnskog, 137
Bingsjö, Rättvik finnmark, 76, 107, 128, 132
Bjurberget (Neuvola), Södra Finnskoga, 18, 21, 22, 26, 32, 44, 72, 86, 124, 128, 141
Bjurbäcken (Laitiala), Mangskog, 41, 42, 43, 68, 70
Bjurbäcken, Sillerud, 99
Bjuråker sockens finnskog, 43, 83
Bjärnå/Perniö socken, Finland, 70
Björkberg (Lehtomäki), Orsa finnmark, 19, 38, 48, 61, 89, 90, 98
Björkåsen, Vitsand, 22, 58, 83
Björnberg, Ytterhogdal, 31
Björneborg/Pori socken, Finland, 49
Björnmossen (Pasula), Ockelbo finnmark, 93
Björntjärnshöjden, Östmark, 19, 28, 59, 66, 86, 89, 91, 137
Björnåsen (Viitala), Svärdsjö, 16, 78
Bjørsjøtorpet, Grue finnskog, 86
Björsviken, Östmark, 86
Blindhanstorp (Talakara), Södra Finnskoga, 111, 137
Bocksjön (Tikkala), Bollnäs finnskog, 95, 131
Bogen (Puuvi), 28, 36, 42, 47, 50, 51, 62, 77, 87, 116, 122, 123
Bograngen, Södra Finnskoga, 33, 64, 72, 82, 116, 117
Bograngsberget, Södra Finnskoga, 34, 140
Bollnäs finnskog, 32, 61, 69, 74, 113
Bolneset (Salmi), Brandval finnskog, 85, 86, 91
Bondtorp (Moilainstorp), Gräsmark, 82
Bondtorp, Järnskog, 102
Borgnäs kapell, Borgå socken, Finland, 101
Borgnäs/Porniainen socken, Finland, 122
Borgsjö sockens finnskog, 105
Borketorpet, Brandval finnskog, 99
Borrsjön, Gräsmark, 39, 50, 66, 75, 88, 108, 109, 128
Brandval finnskog, 14, 23, 29, 34, 45, 48, 51, 52, 60, 63, 64, 72, 74, 75, 80, 81, 85, 86, 87, 89, 91, 94, 95, 96, 99, 100,

108, 111, 114, 117, 118, 122, 137
Braserud, Karlanda, 109
Brattfors, Vitsand, 28
Bredsjön (Haikola), Lekvattnet, 15, 66, 69, 91, 105, 123, 125
Bredsjön, Malungs finnmark, 57
Bringsjöberg, Grangärde finnmark, 84
Bringsåsen, Norra Finnskoga, 36, 38, 111
Brunberget, Malungs finnmark, 16, 17, 22, 121
Brunnkölsberget, Malungs finnmark, 121
Brunskogs sockens finnskog, 33, 61, 75, 131
Bruntjernsberget (Kajvalampi), Brandval finnskog, 29, 87
Brånsätra, Östmark, 28
Bråten, Gräsmark, 65, 66
Bråten/Røgdeby (Aho), Grue finnskog, 85, 111
Burkhöjden, Säfsnäs finnmark, 105
Burktorp (Porkala), Gräsmark, 99, 114
Burustorpet, Östmark, 122
Buskarna, Gräsmark, 28, 80
Bustyvelberg, Östmark, 112, 116
Båtpers (Seppälä), Svärdsjö, 119

D

Dalby sockens finnskog, 14, 16, 18, 20, 21, 22, 24, 26, 28, 30, 32, 33, 34, 36, 38, 39, 43, 44,

47, 52, 57, 62, 64, 67, 71, 72, 73, 75, 76, 82, 83, 84, 85, 86, 89, 91, 97, 98, 100, 101, 104, 105, 111, 112, 114, 116, 117, 119, 120, 121, 124, 128, 129, 130, 133, 134, 135, 136, 137, 138, 139, 140, 141
Dalgosstorp, Lekvattnet, 42
Digerberget (Rämälä), Nyskoga, 14, 21, 28, 89, 100, 111, 112, 128, 139
Digerliden (Vilhula), Nås finnmark, 120, 121, 141
Djäkneliden (Kekklia), Södra Finnskoga, 72, 124, 136, 140, 141
Dragonmoen (Kankas), Vinger finnskog, 45, 74
Dulpetorpet (Tulpa), Hof finnskog, 71, 73, 125, 145
Duvedalen, Karlskoga, 133
Dymossen (Vappuisenmäki), Säfsnäs finnmark, 138
Dypen, Södra Finnskoga, 136
Dypåsen (Dyypinkankas), Södra Finnskoga, 44, 72, 124

E

Eftabergsstranda, Åsnes finnskog, 67, 111
Eidskog finnskog, 47, 123
Eikesætra, Brandval finnskog, 96
Ekshärads sockens finnskog, 16, 21, 67
Elimä socken, Finland, 63
Elverum finnskog, 52, 73, 94, 126, 138

Enberget (Katamäki), Våler finnskog, 52, 73, 138
Eno socken, Finland, 27, 52, 70, 95, 134
Enontaipale socken, Finland, 118
Eriksberg, Östmark, 28, 91
Erkilä, Hassela, 130
Ersberg (Vattaho), Norra Finnskoga, 84
Eskilsberget, Gåsborn, 106
Eskoinen, 14

F

Fagerberget, Vitsand, 58, 72
Fagernes, Fangneset (Faunaisi), Vinger finnskog, 122
Falkåsen (Viihmäki), Svärdsjö, 68
Fall, Hof finnskog, 18, 71
Fallet, Södra Finnskoga, 18, 71, 72, 91, 117, 128, 140, 141
Fallåsen (Väisälä), Ockelbo finnmark, 139
Fallåsen, Åsnes finnskog, 34, 44
Femoen (Vemo), Brandval finnskog, 14, 34, 60, 91
Fensjøen (Lehtomäki), Brandval finnskog, 86, 89
Finnbyn (Hulvola), Svärdsjö, 35
Flagen, Våler finnskog, 84
Flatberget, Nås finnmark, 39, 93, 135
Flaten (Laala), Nås finnmark, 39, 49, 78, 79
Flatåsen, Nyskoga, 19, 21, 34, 41, 62, 83, 112, 137

Flisberget (Ulvimäki), Elverum finnskog, 126
Flisstranda, Åsnes finnskog, 34, 67
Floda finnmark, 73
Frantsila kapell, Siikajoki socken, Finland, 100
Frantsila socken, Finland, 78, 86, 130
Fredrikshamn, Finland, 40, 119
Fryksände sockens finnskog, 14, 15, 21, 22, 23, 28, 30, 31, 32, 34, 36, 39, 40, 42, 47, 48, 53, 56, 58, 59, 60, 61, 64, 66, 67, 68, 69, 72, 73, 74, 75, 76, 77, 79, 80, 81, 82, 83, 86, 87, 88, 89, 91, 92, 94, 95, 96, 97, 98, 100, 102, 106, 107, 111, 112, 114, 120, 121, 123, 125, 126, 127, 128, 130, 135, 137, 138
Frysjøberget, Grue finnskog, 71, 85, 118, 125
Frösaråsen, Säfsnäs finnmark, 33
Furuberget (Kalari), Bjuråker, 43
Furuberget, Grue finnskog, 45
Furuåsen (Honkahalme), Norra Finnskoga, 84, 120
Fågelsjö, Orsa finnmark, 93, 133
Fäbacken, Lekvattnet, 28, 42, 50, 66, 67, 68, 88, 91, 99, 100, 114, 137
Fäbron (Karjasilta), Gräsmark, 80
Färila sockens finnskog, 29, 30, 35, 38, 60, 117, 119, 127

G

Galåsen, Södra Finnskoga, 22, 44, 82, 128, 140
Gammelboning (Hulvola), Ockelbo finnmark, 35
Gammelsæterberget (Erkomäki), Brandval finnskog, 23, 137
Gillberga sockens finnskog, 141
Gillersberget, Nyskoga, 58, 83
Gjeddtjernet, Grue finnskog, 23, 100
Glava sockens finnskog, 59, 119, 131, 132, 134
Gletjärn, Östmark, 19, 28, 56, 82
Granberg, Östmark, 26
Granberget, Säfsnäs finnmark, 17, 130
Grangärde finnmark, 55, 73, 84, 98, 110, 113, 123, 138
Grannerud, Elverum finnskog, 73, 138
Gransjøen (Kilpola), Hof finnskog, 59, 140
Gransjön, Östmark, 19, 108, 121, 130
Grasberget, Brandval finnskog, 23, 29, 48, 85, 111, 117, 118, 137
Gravberget, Våler finnskog, 104
Gravbergsmoen, Våler finnskog, 27, 29, 52, 59, 97, 104, 138
Grilsås, Grangärde finnmark, 55, 113

Grue finnskog, 19, 22, 23, 29, 39, 45, 48, 59, 62, 64, 71, 72, 74, 80, 81, 84, 85, 86, 91, 92, 93, 94, 96, 100, 104, 105, 110, 111, 117, 118, 119, 122, 123, 124, 125, 128, 137, 138, 140, 145
Gråberget (Harmoamäki), Hof finnskog, 36, 71
Gräshöjden, Gräsmark, 50, 88
Gräsmarks sockens finnskog, 14, 15, 17, 18, 20, 27, 28, 32, 33, 36, 38, 39, 41, 42, 43, 44, 47, 49, 50, 56, 60, 65, 66, 70, 74, 75, 77, 79, 80, 81, 82, 87, 88, 91, 94, 96, 99, 100, 102, 105, 107, 108, 109, 112, 114, 115, 116, 121, 125, 126, 128, 130, 131, 132, 134, 138, 140
Gunnarskogs sockens finnskog, 15, 28, 31, 36, 42, 47, 50, 51, 60, 62, 63, 64, 70, 74, 77, 82, 87, 91, 95, 96, 108, 111, 112, 116, 123, 125, 131, 132, 135
Gustav Adolf sockens finnskog, 46
Gårdsjöberg, Vitsand, 17
Gåsborns sockens finnskog, 34, 61, 106, 129
Gåstjärn (Sipilä), Östmark, 28, 80, 100
Gängene, Glava, 131
Göranstorp, Gräsmark, 75

H

Haapajärvi kapell, Kalajoki socken, Finland, 40

Hackarberget
  (Hakkaraisenmäki),
  Rämmen, 18
Hænberget (Hannamäki),
  Elverum finnskog, 138
Haikoinen, 15
Hakkarainen, 16
Halinen, 18
Haljainen, 19
Halkoien, Åsnes finnskog, 35,
  52, 140
Haltorpet (Haalintorppa), Våler
  finnskog, 73, 84, 120
Haltuinen, 19
Halvarstorp (Martila), Östmark,
  19, 26, 28, 54, 80, 81
Halvortjernsberget (Sarvimäki),
  Grue finnskog, 64, 85, 100,
  111
Hammen, 20
Hamra, Los, 47, 55, 89, 101,
  132
Hamuinen, 20
Hankasalmi socken, Finland,
  81
Hansgården (Pynnilä), Rättvik
  finnmark, 107
Hartikainen, 21
Hartola socken, Finland, 21
Hassela sockens finnskog, 40,
  60, 62, 92, 122, 124, 128,
  129, 130, 132, 136
Hattaktorp (Hotakkala),
  Östmark, 19, 34, 45, 118,
  125
Hattarainen, 21
Hattula socken, Finland, 92
Haukivuori socken, Finland,
  27, 82, 90, 102
Hausjärvi socken, Finland, 101

Havuinen, 22
Heilonen, 31
Heinaho, Nyskoga, 48, 128
Heinaho, Södra Finnskoga, 140
Heinäjoki socken, Finland, 39,
  80, 107
Heinävesi kapell, Rantasalmi
  socken, Finland, 108
Heinävesi socken, Finland, 40,
  46, 47, 63, 110
Helgeberget (Helkamäki), Grue
  finnskog, 48, 85
Helsingfors, 34, 47, 52
Helsoinen, 31
Heppuinen, 32
Hiiroinen, 32
Hiitola socken, Finland, 73,
  118
Hiitula socken, Finland, 30,
  119, 126
Himainen, 32
Hinkfallet, Nås, 114
Hiransberg (Hiiroisenmäki),
  Östmark, 28, 32, 116
Hirvensalmi socken, Finland,
  47, 52, 56, 60, 74, 79, 80
Hitis/Hiittinen socken,
  Finland, 54, 64, 80, 92, 97
Hoapajärvi socken, Finland, 97,
  120
Hoapavesi socken, Finland, 49
Hoberg, Grangärde finnmark,
  113
Hof finnskog, 18, 36, 59, 62,
  71, 73, 74, 75, 84, 86, 91, 94,
  109, 111, 117, 125, 140
Hogdals sockens finnskog, 119,
  127
Hokkainen, 33

Hollandstorp, Östmark, 26, 59, 72, 80, 91, 104, 112, 117, 125, 143
Hollola socken, Finland, 15, 31, 49, 120
Holmbyen, Vinger finnskog, 123
Holmen, Vinger finnskog, 123
Holmsjötorp (Saarjärvi), Gräsmark, 99, 100, 105
Holmängen, Östmark, 125
Honkainen, 33
Honkamakk (Honkamäki), Gräsmark, 17, 18, 105, 116
Horntjärnstorp (Sarvilampi), Lekvattnet, 91, 126
Hotakka, 34
Hotarstorp (Huotari), Gunnarskog, 36, 82
Huatorpet (Hujula), Åsnes finnskog, 35, 86
Huinari, 35
Huiskainen, 35
Hujuinen, 35
Hulvoinen, 35
Humsilainen, 36
Humsjön, Gräsmark, 36, 50, 65, 66, 70, 77, 81, 116
Humsjön, Mangskog, 36, 65, 68, 69, 75, 79, 102
Hundkullen, Gräsmark, 77, 116
Hundviken, Gunnarskog, 77
Huotari, 36
Hurrinen, 36
Husketorp (Huuskola), Södra Finnskoga, 34, 37, 114
Huskölen, Hogdal, 33, 119, 131
Husubekken, Åsnes finnskog, 100

Huuskoinen, 36
Hyn, Svärdsjö, 78, 142
Hynninen, 38
Hyrynsalmi socken, Finland, 33, 56
Hytjanstorpet (Hyytialä), Grue finnskog, 39, 45, 92
Hyvöinen, 38
Hyyryläinen, 39
Hyytiäinen, 39
Håcktorp (Hokkala), Gräsmark, 33
Hån (Hauna), Säfsnäs finnmark, 33, 58, 88, 114
Häckfallet, Östmark, 24, 26, 28
Hähme, 23
Häkkhöjden, Mangskog, 26
Häkkinen, 23
Hällefors finnmark, 68
Hällsjön, Östmark, 19, 80
Hämäläinen, 27
Hänninen, 29
Häppestorp (Heppuisentorpa),, 32, 116
Härköinen, 30
Hästberg (Hepomäki), Östmark, 26, 45, 80, 91
Hästberg, Järvsö finnskog, 62, 90
Hästkullen (Niipa), Järna finnmark, 104, 114
Hästkullen (Niipa), Nås finnmark, 56
Hättäräinen, 31
Høgsjøberget (Haukamäki), Åsnes finnskog, 18, 73, 84, 120
Högåsen, Nyskoga, 83
Höjden, Gräsmark, 18, 41, 105

Höljes, Norra Finnskoga, 18, 57, 84, 85, 120

I

Idensalmi/Iisalmi socken, Finland, 18, 21, 30, 34, 35, 38, 41, 42, 44, 47, 48, 49, 51, 52, 56, 57, 59, 61, 62, 63, 68, 69, 70, 73, 78, 79, 81, 82, 86, 89, 90, 92, 93, 94, 95, 97, 98, 99, 104, 105, 106, 110, 111, 112, 116, 117, 118, 119, 125, 126, 128, 130, 131, 132, 133, 134, 135, 136, 137, 138, 139, 140
Igelsjöberget (Palomäki), Nyskoga, 28, 33, 83
Ikalis/Ikaalinen socken, Finland, 73
Ikalmi socken, Finland, 118
Ikoinen, 39
Ilmajoki socken, Finland, 95
Ilmola socken, Finland, 22, 42, 52, 70, 113
Ilomants/Ilomantsi socken, Finland, 21, 29, 30, 36, 40, 61, 70, 76, 81, 84, 95, 134
Impilahti socken, Finland, 35, 36, 44, 73, 84, 86, 109, 110
Ingelsrud, Vinger finnskog, 123
Iqvonto socken, Ingermanland, 77
Ivantjärn (Käivärä), Ockelbo finnmark, 51
Ivarsberg, Malung finnmark, 57

J

Jaakima socken, Finland, 44, 70, 86, 94, 110, 126, 131

Jalasjärvi socken, Finland, 56
Jammerdal, Brandval finnskog, 85, 96
Jamsila, Hassela, 40
Jamsilainen, 40
Janakkala socken, Finland, 59
Jockas/Juva socken, Finland, 14, 15, 18, 20, 21, 23, 27, 29, 30, 31, 33, 34, 35, 38, 39, 40, 43, 44, 47, 48, 49, 52, 54, 56, 57, 58, 59, 61, 62, 63, 66, 67, 68, 69, 70, 71, 73, 74, 75, 76, 77, 78, 80, 81, 82, 85, 86, 87, 90, 91, 92, 93, 94, 95, 97, 98, 99, 101, 102, 104, 105, 106, 107, 108, 109, 110, 112, 113, 116, 117, 118, 119, 120, 122, 125, 126, 128, 129, 130, 131, 132, 133, 134, 135, 136, 138, 139, 141
Joensuu socken, Finland, 14, 30, 33, 63, 70, 84, 124
Jokkis kapell, Tammela socken, Finland, 42
Jorois socken, Finland, 14, 29, 31, 38, 43, 47, 48, 56, 74, 79, 102, 122, 130, 140
Jotiikis socken, Finland, 119
Joutsa socken, Finland, 101
Joutsenu socken, Finland, 108
Juberget (Kirkkomäki), Södra Finnskoga, 34, 114, 140
Juntinen, 40
Juritsmo socken, Finland, 14
Jurmoinen, 41
Jurtinen, 41
Juskastomta, Gunnarskog, 95, 116
Juuselainen, 41

Juvberget (Kirkkomäki), Åsnes finnskog, 34, 44, 71, 73, 111, 124
Jyväskylä/Juvaskylä socken, Finland, 79, 80
Jämsä socken, Finland, 19, 22, 40, 43
Jämsäläinen, 40
Jänsen, Floda finnmark, 73, 113
Jänsenmäki, Lekvattnet, 41
Järna finnmark, 34, 46, 51, 52, 55, 56, 73, 84, 101, 104, 114, 135, 137, 141
Järnskogs sockens finnskog, 102
Järphöjden, Säfsnäs finnmark, 113
Järpliden, Södra Finnskoga, 27, 28, 33, 34, 44, 72, 97, 111, 133
Järvsö sockens finnskog, 62
Jääski socken, Finland, 33, 69, 92, 110

K

Kaavi socken, Finland, 18, 90
Kahilainen, 42
Kahilaistomta, Gunnarskog, 42, 116
Kaikkoinen, 42
Kaikelanstorp (Kaikkala), Östmark, 19, 26, 42, 80, 91
Kaikkalainen, 42
Kaipainen, 43
Kajana/Kajaani socken, Finland, 113, 118
Kalainen, 43

Kalajoki socken, Finland, 40, 79
Kalari, 43
Kalikkainen, 43
Kalikkaisåsen, Rämmen, 43
Kalneset, Grue finnskog, 62, 85, 96, 111
Kalsjøberget, Grue finnskog, 59, 137
Kalvhöjden (Vasikkamäki), Östmark, 99, 100
Kalvhöjden (Vasikkanaho), Gräsmark, 91, 116, 140
Kalvoinen, 44
Kalvola, Alfta finnskog, 44
Kalvskinnsberg, Östmark, 59, 72, 79, 86, 91
Kammesmakk (Kammoisenmäki), Gräsmark, 44, 66, 81, 115, 116
Kammoinen, 44
Kampbacken (Kampiharju), Östmark, 23
Kanainen, 44
Kanala, Södra Finnskoga, 34, 44, 72, 97, 114
Kangasala socken, Finland, 50, 140
Kangasniemi socken, Finland, 15, 20, 21, 29, 30, 33, 35, 36, 39, 40, 41, 42, 47, 49, 54, 61, 68, 69, 74, 78, 79, 80, 82, 90, 92, 95, 102, 103, 106, 107, 108, 109, 119, 120, 126, 128, 130, 132, 136, 137
Kanhajoki kapell, Ilmajoki socken, Finland, 22
Kansainen, 44

Kapistorp (Kaupila), Östmark,
  19, 48, 57, 91, 121
Karhinen, 45
Karislojo socken, Finland, 59
Karjalainen, 46
Karlanda sockens finnskog, 40,
  71, 75, 102, 109, 114
Karlstorpet (Koarlola), Grue
  finnskog, 48, 71, 80, 91, 105
Karpi. *Se* Karpinen
Karpinen, 47
Karstula kapell, Saarijärvi
  socken, Finland, 33
Karstula socken, Finland, 35,
  61, 84
Kartberg (Karttuisen ohta),
  Östmark, 19, 47, 125
Kartbråten/Nytorpet, Vinger
  finnskog, 47
Karterud, Vinger finnskog, 47
Karttorp (Karttula), Lekvattnet,
  28, 41, 47, 61, 82, 88, 94,
  112, 137
Karttuinen, 47
Karttula kapell, Kuopio
  socken, Finland, 48
Karttula socken, Finland, 45,
  47, 52, 59, 66, 86, 98, 110,
  136, 137, 141
Karvainen, 48
Kasakka, 48
Kauhajoki socken, Finland, 132
Kaupinen, 48
Kaupoinen, 49
Kaupuinen. *Se* Kaupoinen
Kauttoinen, 49
Kauvatsa kapell,
  Hitis/Hiittinen socken,
  Finland, 80
Kavalainen, 50

Kavelåsen (Puukaula),
  Östmark, 66, 80
Kavi socken, Finland, 47, 68,
  76, 77, 119
Kavia, 51
Kavias holme (Kavian saari),
  Nås finnmark, 13, 51
Kaxila, Hassela, 40
Kekkoinen, 52
Kelta, 53
Keltainen. *Se* Kelta
Keltaisen autio, Östmark, 53
Keltastomta, Lekvattnet, 53
Kemppainen, 54
Kemi socken, Finland, 131
Kemijärvi socken, Finland, 30
Kempälä socken, Finland, 90
Keppainen, 56
Kerimäki socken, Finland, 27,
  34, 48, 59, 64, 74, 78, 84,
  102, 110, 122, 137
Keroinen, 56
Kesälax socken, Finland, 95,
  142
Kettuinen, 56
Keuru socken, Finland, 27, 85,
  106, 107, 109, 120
Kexholm/Käksisalmi socken,
  Finland, 15, 42, 48, 108, 118,
  126
Keäriäinen, 57
Kides socken, Finland, 36, 38,
  46, 48, 62, 63, 69, 71, 73, 76,
  90, 94, 95, 134, 139
Kiesinen, 57
Kiesisen autio, Östmark, 57
Kiikkalainen, 57
Kiihtelysvaara socken, Finland,
  38, 70, 79, 84, 102, 122
Kiiskinen, 59

Killerinen, 58
Kilpoinen, 59
Kilpoisen autio, Hof finnskog, 59
Kinainen, 58
Kindsjöberget (Riitaho), Södra Finnskoga, 32, 130
Kindsjön (Sänkaho), Södra Finnskoga, 22, 28, 34, 67, 85, 101, 117, 121, 124, 128, 129, 130, 137, 140
Kinkkais kapell, Eura/Tarvasjoki socken, Finland, 135
Kinniainen, 58
Kinnuinen, 58
Kirjalainen, 60
Kirkesjøberget, Grue finnskog, 84, 111
Kirnuinen, 60
Kirnuisen autio, Brandval finnskog, 60
Kirvu socken, Finland, 38, 110
Kittmon (Pohjos Kitula), Lekvattnet, 60
Kittorp (Kitula), Gräsmark, 60
Kituinen, 60
Kiuruvesi socken, Finland, 38, 44, 131
Kivijärvi kapell, Finland, 35
Kivijärvi socken, Finland, 63, 92
Kivinebb/Kivennapa socken, Finland, 21, 39, 48, 66, 67, 74, 92, 96, 101, 134, 136
Knappåsen, Ekshärad, 21
Kocktorpet, Gåsborn, 61
Koivisto socken, Finland, 49

Kokkastorpet, Vinger finnskog, 61
Kokkoinen, 61
Koltorp, Norra Finnskoga, 34, 117
Konttinen, 62
Konkari, 62
Kontiolahti socken, Finland, 18, 21, 29, 31, 33, 34, 40, 44, 48, 52, 56, 59, 66, 67, 68, 69, 70, 72, 89, 94, 111, 119, 120, 124, 125, 133, 140
Kopoinen, 62
Kopvina socken, Ingermanland, 108
Korppi, 63
Korppinen. *Se* Korppi
Korpåsen (Paljakka), Hassela, 92
Kotalainen, 63
Kotistorp, Gräsmark, 66
Kotolainen. *Se* Kotalainen
Krafsen, Säfsnäs finnmark, 99, 106
Kringsberget, Södra Finnskoga, 22, 26, 28, 32, 33, 43, 111, 119
Kristina/Ristiina socken, Finland, 15, 18, 21, 27, 33, 34, 35, 38, 39, 42, 43, 46, 49, 61, 63, 67, 69, 70, 71, 73, 74, 78, 80, 81, 82, 87, 90, 92, 93, 103, 107, 108, 109, 110, 122, 125, 127, 128, 131, 132, 136, 138
Krokkärnsberg (Groptjärnsberg), Vitsand, 58, 79, 95, 112

Kroktorp (Ruukinmäki),
  Gräsmark, 77
Kroktorp (Ryhkä), Järna
  finnmark, 51, 84, 141
Kronskogen (Ruununmaa),
  Fryksände/Östmark, 59, 72
Kuhmalainen, 64
Kuhmo kapell, Sotkamo
  socken, 36, 68
Kuhmo socken, Finland, 39,
  61, 102
Kuhmois kapell, Padasjoki
  socken, Finland, 64
Kuikka, 64
Kukkoinen, 64
Kulla kapell, Ulfsby socken,
  Finland, 63
Kulppana socken,
  Ingermanland, 52
Kulta, Lekvattnet, 66
Kultinen, 66
Kuopio socken, Finland, 18,
  21, 29, 30, 32, 34, 35, 38, 43,
  44, 48, 49, 52, 56, 58, 61, 62,
  63, 64, 66, 70, 74, 76, 78, 79,
  81, 91, 92, 93, 96, 97, 98,
  102, 105, 108, 109, 110, 112,
  117, 118, 119, 122, 125, 128,
  129, 130, 131, 133, 136, 137,
  139
Kuoritsa socken, Finland, 15
Kuorlam socken, Finland, 34
Kuortane socken, Finland, 38,
  40, 61
Kupila, Södra Finnskoga, 72,
  111, 133
Kurikka kapell, Ilmola socken,
  Finland, 42
Kurki, 66

Kurkijoki socken, Finland, 47,
  56, 59
Kuru socken, Finland, 71
Kuusamo socken, Finland, 30
Kvarnberg (Härköisen autio),
  Lekvattnet, 30, 41
Kvarnberg (Kasakka), Voxna,
  48
Kvarnberg (Lehtomäki), Färila,
  60
Kvarnberg (Makkola), Orsa
  finnmark, 31, 78
Kvarnberget (Sikala), Säfsnäs
  finnmark, 16, 44, 73, 93, 99,
  120, 121
Kvarntorp (Myllylä),
  Lekvattnet, 47, 88, 91, 95,
  112
Kvenbakken, Våler finnskog,
  34, 142
Kvesetberget (Kusetinmäki),
  Hof finnskog, 71, 74, 94
Kymsbergs bruk, Gräsmark, 50
Kymöinen, 67
Kynndalen, Åsnes finnskog,
  133
Kynneggen, Åsnes finnskog,
  71, 86
Kyttöinen, 67
Käcktorp (Kähkölä),
  Lekvattnet, 53, 67, 100, 126
Käckåsen (Kähköisen kankas),
  Östmark, 68
Kähköinen, 67
Käiväräinen, 51
Käiväräisen autio, Brandval
  finnskog, 51
Källåsen (Kokkoinen), Bollnäs
  finnskog, 61
Källäinen, 51

Käppanstorp (Fårkullen), Östmark, 56
Kärkkäinen, 52
Kärnberget (Konkari), Nyskoga, 21, 27, 28, 41, 62, 78, 83, 91, 112, 128
Kärrbacksstrand, Norra Finnskoga, 136
Kärringberg (Akamäki), Gustav Adolf, 78
Kärry, Gunnarskog, 51, 116
Käxtjärn, Hällefors finnmark, 68
Kölaråsen (Ronkala), Nås finnmark, 95, 100, 114
Kölsjön (Tarvala), Hassela, 40, 60, 62, 122, 124, 128, 129, 130, 132, 136
Kössinen, 63
Kösstorp (Kössila), Gunnarskog, 15, 63, 77, 112, 135

L

Loaininen, 75
Loamainen, 76
Loaskoinen, 76
Laatikkainen, 70
Laggsundet, Gåsborn, 129
Laggåsen (Karjala), Gustav Adolf, 46
Laittinen, 68
Laihela socken, Finland, 70, 79
Laininen, 68
Laitiala socken, Finland, 21, 90, 137
Laknäset/Mörtnäs, Nås finnmark, 13
Lampinen, 69

Lampinen, Bollnäs finnskog, 69
Lampis socken, Finland, 69
Lapinlahti socken, Finland, 139
Lapinlax kapell, Idensalmi socken, Finland, 68
Lappajärvi socken, Finland, 48
Lappalainen, 69
Lappmossen, Gustav Adolf, 17
Lappo/Lapua socken, Finland, 71, 109
Lappvesi/Lappee socken, Finland, 106
Larbekken, Vinger finnskog, 123
Laukaa socken, Finland, 30, 32, 58, 70, 90, 105
Laukkainen, 70
Laukkala, Svärdsjö, 70
Laulainen, 70
Lauriainen, 71
Lauritsala köping/socken, Finland, 33
Lautiainen, 71
Lauvhøgda (Räisälä), Grue finnskog, 48, 85, 91, 110, 111, 124, 128
Lauvåsen (Fielanmäki), Brandval finnskog, 96, 118
Laxtjärn (Lohilammi), Nås finnmark, 121
Lehmoinen, 71
Lehtolamminaho under Mackaretjärn, Södra Finnskoga, 112, 137
Leipomäki kapell, Gustaf Adolf/Hartola socken, Finland, 22
Lejen, Säfsnäs finnmark, 31, 56, 58

Lekaråsen, Gåsborn, 34
Lemhola socken, Ingermanland, 14
Lemingo socken, Finland, 38, 40, 41, 61, 93, 103, 126, 132
Lempala socken, Finland, 96, 135
Lenungen (Seppälä), Glava, 59, 119, 131
Lenåsen (Lievola), Ockelbo finnmark, 73
Leppävirta socken, Finland, 18, 38, 45, 47, 48, 49, 58, 62, 63, 70, 93, 97, 104, 119, 122, 131, 132, 134, 139
Leruinen, 72
Letala socken, Finland, 69
Lia (Ullila), Södra Finnskoga, 21, 22, 83, 105, 141
Lieksa socken, Finland, 56, 122
Lievoinen, 73
Liimalainen, 73
Liisilä socken, Ingermanland, 40, 48, 99, 110, 124
Liitiäinen, 73
Liivomäki kapell, Gustaf Adolfs socken, Finland, 40
Lilla Björnmossen (Hiirola), Svärdsjö, 32, 68
Lill-Rännberg (Kotamäki), Östmark, 19, 111, 112, 121
Lillskog (Kirjala), Färila, 60, 119
Lillskogshöjden, Östmark, 59, 66, 79, 91
Lill-Tandsjö, Orsa finnmark, 30, 60, 63, 133
Lilltjärnstorp, Mangskog, 42
Lindberget, Brandval finnskog, 75, 89
Lindberget, Gunnarskog, 51
Lindberget, Hof finnskog, 62, 111
Lindberget, Åsnes finnskog, 73, 111, 140
Lindtorpet, Grue finnskog, 85, 122
Linna, Vinger finnskog, 123
Lintuinen, 74
Lintula, Bollnäs finnskog, 74
Liperi socken, Finland, 21, 36, 38, 48, 56, 58, 59, 62, 63, 64, 66, 70, 77, 94, 95, 101, 118, 124
Lisskogsåsen/Lövskogsåsen, Malungs finnmark, 17, 21
Liukoinen, 74
Liukoinen, Lekvattnet, 74
Loasku (Klasko), Vitsand, 21, 76
Lochteå/Lohtaja socken, Finland, 41
Loimalainen, 75
Loimjoki socken, Finland, 75
Loininen, 75
Loirojoki socken, Finland, 120
Loos koboltsgruva, Ljusdal, 127
Loppis socken, Finland, 71, 135
Loukkiainen, 75
Loukiaisen autio, Brunskog, 75
Loukkaisen autio, Lekvattnet, 75
Lujainen, 76
Luktorpet (Liukoinen), Grue finnskog, 64, 74
Lukvallen (Luukkola), Malungs finnmark, 52

Lukvallen (Luukkola), Norra Ny, 77
Lumiainen, 76
Lumsen (Lumsintorpa), Lekvattnet, 77
Lundersæter, Brandval finnskog, 117, 125
Luskainen, 77
Lusketorp (Luskala), Gräsmark, 47, 77, 88, 91, 96
Lutnes (Lutua), Trysil finnskog, 18
Luukkoinen, 77
Luumäki socken, Finland, 62
Lystadberget (Lyystamäki), Brandval finnskog, 95, 100, 137
Långflon (Pitkäsuvanto), Norra Finnskoga, 30, 44, 84, 98, 120
Långhindrikstorp, Gräsmark, 91
Långnäs (Kukkola), Gräsmark, 65, 66, 105, 125, 131
Långseruds sockens finnskog, 98, 109, 133, 141
Långsjöhöjden (Sipilä), Lekvattnet, 27, 28, 31, 48, 60, 64, 66, 68, 73, 137
Långtjärn, Gräsmark, 15, 39, 40, 61, 66, 126
Långtjärnstorp (Koakkolampi), Gräsmark, 42, 126
Länserud, Norra Finnskoga, 67, 84
Lønnhøgda, Grue finnskog, 138
Lövhöjden (Lehtomäki), Lekvattnet, 48, 58, 123

Lövkullen, Nås finnmark, 49
Lövåsen (Lehtomäki), Lekvattnet, 15, 125
Lövåsen, Sunne, 125

M

Maaninka socken, Finland, 18, 34, 35, 38, 58, 69, 78, 94, 95, 104, 106, 107, 109, 110, 116, 117, 122, 130, 139
Mackartjärn (Nikkarila), Södra Finnskoga, 89, 91, 105, 111, 112, 137
Mænki, Brandval finnskog, 74
Makkoinen, 78
Makkoisen autio, Östmark, 78
Malungs finnmark, 16, 17, 21, 22, 31, 35, 46, 52, 57, 58, 67, 84, 92, 99, 101, 121, 130, 137
Mammoinen, 80
Mangen, Gräsmark, 38, 39, 43, 75, 77, 102, 107, 109
Mangen, Vitsand, 22, 45, 91, 95, 100, 112, 127, 128, 130
Mangskogs sockens finnskog, 26, 36, 41, 42, 43, 65, 68, 70, 75, 79, 102, 112, 119
Mangslidberget (Monkamäki), Nyskoga, 21, 22, 28, 32, 43, 83, 86, 137
Mangstrand (Monkanranta), Vitsand, 14, 21, 128
Mankinen, 78
Manninen, 78
Mannisbråten (Mannisen aho), Vitsand, 79
Mariastorp, Gräsmark, 40, 66

Marklätten (Sorkan Rouka), Östmark, 28, 123
Martinen, 79
Marttila (Vauhkola), Norra Finnskoga, 138
Masterud, Vinger finnskog, 60, 122, 123
Mastula socken, Finland, 107
Matilainen, 80
Matilais aho, Nyskoga, 80
Medskogen, Södra Finnskoga, 22, 34, 47, 67, 73, 97, 128, 139, 140
Mehtoinen, 81
Melandstorpet (Moilainstorpet), Vinger finnskog, 82
Meldalen, Grue finnskog, 23, 29
Mengelanstorpet, Brandval finnskog, 74, 80
Mengen, Vinger finnskog, 29, 80, 137
Mengkroken, Brandval finnskog, 80
Mengåa (Mängenjoki), Vinger finnskog, 80
Messuby socken, Finland, 64
Millomi, Grue finnskog, 138
Millominen, 81
Milsjöheden, Malungs finnmark, 84, 92, 101
Milsjön (Velijärvi), Malung finnmark, 92
Minkinen, 81
Mixsjön (Syvänmuaa), Orsa finnmark, 30, 31, 133
Moen, Vinger finnskog, 123
Moijainen. Se Moijoinen
Moijoinen, 83

Moilainen, 82
Moilainstorpet (Haukala), Gräsmark, 82
Mojsjön (Loinila), Ockelbo finnmark, 75
Molberget, Åsnes finnskog, 34, 44, 52, 114
Moldusen, Grue finnskog, 111, 137, 138
Mon under Långerud, Östmark, 26, 28, 59, 121
Mortensbråten, Vinger finnskog, 29
Mosevatnet (Jaakola), Brandval finnskog, 34, 94, 111
Moskva, 21
Mosshöjden, Östmark, 26, 28, 59, 79, 89, 91
Muhoinen, 84
Muhois socken, Finland, 76, 80
Muhoisen autio, Hof finnskog, 84
Mujuinen, 84
Mulikka, 84
Multia kapell, Keuruu socken, Finland, 85
Multiainen, 85
Muolaa socken, Finland, 35, 39, 67, 70, 74, 91, 95, 110, 117, 142
Muonioniska socken, Finland, 43
Myllärinen, 85
Myrgubben (Härköisen autio), Lekvattnet, 30, 42
Myrman, Gunnarskog, 28, 51
Mårbacken, Lekvattnet, 42, 74, 97, 102
Mäkkylä, Östmark, 23
Mänkiläinen, 80

Mäntyharju socken, Finland, 29, 59, 80, 90, 101
Mörkerud, Vitsand, 28, 79, 91
Mörtnäs, Karlanda, 40, 75, 102
Mörtnäs/Laknäset, Nås finnmark, 13
Mörttjärnstorp, Gräsmark, 116

N

Nain (Nuaari), Ekshärad, 16
Navilainen, 86
Neuvoinen, 86
Nikarainen, 88
Nikkarinen, 89
Nikudalen, Orsa finnmark, 31
Nilsiä socken, Finland, 18, 21, 29, 32, 35, 38, 41, 43, 47, 49, 58, 61, 63, 66, 69, 70, 76, 78, 90, 92, 93, 96, 97, 102, 104, 106, 108, 110, 111, 113, 116, 118, 119, 125, 129, 130, 131, 133, 136, 137, 139
Nitten, Säfsnäs finnmark, 55, 110, 113
Nolla (Nulla), Östmark, 19, 121, 125
Noppen (Nuppen), Vitsand, 58, 100, 112, 128
Noppi (Nuppi), Södra Finnskoga, 64, 67, 128, 140
Nordre Gravberget, Våler finnskog, 18, 34, 52
Nordre Gravbergsmoen, Våler finnskog, 140
Nordre Lauvberget, Grue finnskog, 93, 110, 111
Nordre Vermunden (Koisila), Åsnes finnskog, 34, 73, 111, 124, 140
Nordre Vermundsberget, Åsnes finnskog, 71, 140
Nordre Åskogsberget (Askosberget), Grue finnskog, 22, 84, 100
Nordtjärn (Vilhula), Säfsnäs finnmark, 141
Norilainen, 87
Norra Lekvattnet, 28, 31, 32, 36, 40, 41, 47, 48, 56, 58, 74, 82, 87, 88, 91, 92, 94, 100, 121, 138
Norra Los (Aläkylä), Färila, 60
Norra Pyntetorp (Pyntälä), Gräsmark, 107
Norra Rintetorp (Vellanki), Gräsmark, 114
Norra Röjdåsen (Puttola), Östmark, 19, 26, 48, 105, 121, 130, 137
Norra Viggen (Vaisila), Nyskoga, 32, 83, 86, 100, 111, 124, 137
Norra Åskogsberget (Millomi), Östmark, 19, 81
Norra Ängen, Gräsmark, 39, 79, 109, 126, 140
Nullamäki, Nyskoga, 28, 32, 137
Nuotinen, 89
Nurmes socken, Finland, 15, 18, 34, 38, 41, 42, 44, 52, 56, 59, 61, 68, 74, 90, 92, 108, 113, 124, 125, 130, 132, 134
Nurmjärvi socken, Finland, 41
Nuualainen, 89
Ny sockens finnskog, 14, 18, 19, 21, 22, 27, 28, 32, 33, 34, 41, 48, 58, 59, 62, 64, 77, 78,

80, 83, 86, 89, 91, 100, 108,
111, 117, 118, 124, 128, 137,
139, 140, 142
Nybofjäll (Matila), Äppelbo
finnmark, 17, 18, 22, 80,
101, 137
Nybygget, Vinger finnskog,
123
Nyckelvattenberg, Östmark,
19, 130
Nygården, Vinger finnskog, 85
Nykyrka/Kalanti socken,
Finland, 60, 61, 86
Nykäinen, 90
Nyröinen, 90
Nyslott socken, Finland, 130
Nytorpet (Koarlola), Grue
finnskog, 85
Nytorpet, Brandval finnskog,
74
Nås finnmark, 13, 39, 49, 51,
56, 78, 79, 85, 90, 93, 95,
100, 104, 114, 120, 121, 124,
135, 141
Näperöinen, 86
Närhi, 87
Närkelanstorpet (Närkilä),
Bogen, 74, 87, 125
Närkiläinen, 87
Närsen (Sormula), Nås
finnmark, 13, 104, 124
Näsberget, Norra Ny, 59
Nässkogen (Törölä), Gräsmark,
80, 114, 134
Näveråsen (Nyröla), Nås
finnmark, 90

O

Oavinen, 135

Ockelbo finnmark, 35, 51, 73,
75, 93, 101, 131, 139
Oinoinen, 90
Ollilainen, 90
Oppåskjølen, Brandval
finnskog, 60
Orainen, 91
Orainstorpet (Orala), Vinger
finnskog, 88, 91, 100, 137
Oravainen, 92
Oravakangas socken, Finland,
92
Orimattila socken, Finland, 15,
120, 133
Oritivesi socken, Finland, 121
Ormberget (Kärmemäki),
Brandval finnskog, 29, 52,
81, 96, 118, 137
Ormhöjden (Mortila),
Lekvattnet, 81, 91, 106
Ormhöjden (Puntainen),
Lekvattnet, 15, 74, 102
Orrtorp (Oraistentorppa),
Gräsmark, 116
Orrtorp (Orala), Gräsmark, 91
Orsa finnmark, 19, 30, 31, 38,
40, 47, 48, 55, 60, 61, 63, 78,
89, 90, 93, 98, 101, 116, 132,
133, 136

P

Peäriläinen, 97
Poalainen, 100
Poasoinen, 101
Poavilainen, 101
Padasjoki socken, Finland, 35,
64
Pahkalampi, Fryksände, 135

Palahöjden (Puaalaisenmäki), Säfsnäs finnmark, 100
Paljakkainen, 92
Paltamo socken, Finland, 124
Parikkala socken, Finland, 47, 70, 101, 130
Pasainen, 92
Pasikkala socken, Finland, 123
Pasotorpet, Brandval finnskog, 93
Peistorpet (Piesala), Åsnes finnskog, 71, 96, 125, 140
Peistorpsmoen (Kankas), Åsnes finnskog, 97
Pekkotomta, Gräsmark, 96
Pelkjärvi socken, Finland, 90, 134
Pelyjärvi socken, Finland, 41, 48, 56, 63, 70, 84, 120, 124
Pelyjävesi socken, Finland, 120
Penttinen, 95
Penna. *Se* Pennainen
Pennainen, 94
Pennainstorpet (Pennala), Bogen, 28
Pennalainen. *Se* Pennainen
Pennalaisentorppa, Lekvattnet, 95
Pentikkäinen, 95
Penttilä socken, Finland, 95
Perhoinen, 96
Perviläinen, 96
Peräseinäjoki socken, Finland, 50
Petolainen, 96
Petolaisen torppa, Lekvattnet, 96
Pieksämäki socken, Finland, 14, 15, 18, 27, 29, 35, 39, 40, 47, 52, 61, 64, 66, 69, 78, 79, 81, 82, 85, 86, 89, 90, 103, 104, 105, 108, 109, 120, 122, 124, 125, 128, 130, 131, 132, 133, 135, 136, 138, 139, 141
Pielavesi socken, Finland, 15, 44, 47, 66, 70, 81, 92, 95, 107, 109, 110, 111, 118, 120, 124, 125, 130, 133, 136
Pielis socken, Finland, 18, 38, 40, 61, 70, 73, 76, 91, 95, 102, 118, 119, 122, 130, 135
Pielisjärvi socken, Finland, 33, 34, 41, 52, 56, 68, 89, 90, 118, 134, 141
Piesainen, 96
Pihtipudas kapell, Saarijärvi socken, Finland, 124
Pihtipudas socken, Finland, 38, 42, 44, 49, 50, 52, 56, 58, 61, 73, 81, 84, 86, 87, 102, 104, 106, 110, 111, 117, 118, 119, 120, 130, 131, 133, 136, 137, 138, 139, 142
Piippola socken, Finland, 38
Piiskaistorpet, Svärdsjö, 97
Piiskoinen, 97
Pitkäinen, 97
Poalaisen autio, Nås finnmark, 100
Poavola kapell, Siikajoki socken, Finland, 78, 101
Pohjoinen, 98
Pohjolainen, 98
Pohrijärvi socken, Finland, 124
Poikeroinen, 98
Poikoinen, 98
Pokkainen, 99

Popetorp (Puupola), Gräsmark, 74, 91, 105, 116
Porkka, 99
Porna, Mangskog, 41
Possåsen, Södra Finnskoga, 67, 133, 140
Possåsen, Åsnes finnskog, 71, 114
Pukbron, Vitsand, 58, 79, 83, 128
Pulkkinen, 101
Pulkkila socken, Finland, 38, 41, 77, 102
Pulliainen, 102
Pullingtorp (Kämpetorp), Rämmen, 54, 55, 102
Punkalaidun socken, Finland, 135
Puntainen, 102
Puntaisen mäki, Säfsnäs finnmark, 102
Purainen, 103
Purkainen, 105
Purkanstorpet (Purkaisentorppa), Vinger finnskog, 105
Purustorpet (Purustorpa), Grue finnskog, 104
Pusuinen, 106
Putkoinen, 104
Putkola, Östmark, 104
Puttoinen, 105
Puumala socken, Finland, 15, 18, 21, 29, 31, 33, 35, 40, 43, 48, 49, 57, 61, 62, 67, 69, 70, 73, 77, 79, 90, 93, 94, 97, 105, 107, 109, 120, 123, 132, 135, 136
Puuppoinen, 105
Puuroinen, 106

Pyhäjärvi socken, Finland, 15, 32, 43, 59, 61, 77, 86, 97, 106, 110, 142
Pylkkäinen, 106
Pylketorp (Ruusinmäki), Östmark, 106, 118
Pynninen, 107
Pyntetorp (Puontila), Lekvattnet, 32, 61, 69, 91, 96, 107, 112
Pyntetorp (Pyntälä), Gräsmark, 91
Pyntäinen. *Se* Pyntöinen
Pyntöinen, 107
Pyntöisen autio, Gräsmark, 107
Pyttis/Pyhtää socken, Finland, 58, 95
Pålstorp (Poavola), Mangskog, 41
Päkkinen, 93
Pälläinen, 94
Pärkiläinen, 94
Päykkäinen, 94
Pöntinen, 107
Pöyhöinen, 108

R

Roatikkainen, 117
Raggfors, Mangskog, 42
Ragvaldstjärn, Gräsmark, 49, 50, 94, 108
Rahikkainen, 108
Rajalainen, 109
Rangen, Södra Finnskoga, 37, 67, 73
Rantasalmi socken, Finland, 21, 41, 48, 50, 52, 56, 63, 91, 106, 108, 129, 131, 139
Rasainen, 109

Ratkainen, 109
Rattsjöberg, Vitsand, 23, 26, 65, 79, 89, 94, 95
Rauken (Ryökä), Hof finnskog, 75, 86, 91, 140
Raumi socken, Finland, 18
Rautalampi socken, Finland, 14, 16, 18, 20, 22, 27, 29, 30, 32, 35, 38, 40, 41, 43, 44, 49, 50, 52, 56, 58, 63, 64, 66, 69, 70, 72, 73, 74, 79, 81, 82, 86, 87, 92, 93, 94, 95, 102, 104, 105, 107, 108, 110, 111, 113, 117, 119, 120, 121, 122, 124, 125, 127, 128, 129, 130, 131, 133, 136, 137, 138, 139, 141, 142
Rautiainen, 110
Rautus socken, Finland, 95
Rengo socken, Finland, 91
Revholtet, Grue finnskog, 48, 72
Rickenstorp, Ljusnarsbergs finnmark, 113
Riekinen, 112
Rifallet, Grangärde finnmark, 113
Riitaho, Gräsmark, 66, 75
Riitaho, Mangskog, 75
Rikkinen, 113
Rimpinen, 113
Rimsbo, Bollnäs finnskog, 78, 113
Rintainen, 114
Rintetorp (Kallaslampi), Gräsmark, 81
Risarven (Härkälä), Färila, 30
Risberget, Våler finnskog, 73, 84, 94, 126, 138

Roaskoinen, 117
Rocksåsen, Järna finnmark, 52, 135
Rongu kapell, Vänä socken, Finland, 135
Ronkainen, 114
Ronketorpet (Ronkaistentorpa), Brandval finnskog, 34, 74, 100, 114
Rosastorp (Rusala), Östmark, 14, 19, 36, 80, 81, 118
Rosentorp (Jämsä), Orsa finnmark, 40
Rotberget (Raatikkala), Hof finnskog, 18, 62, 109, 111, 117
Rotnemoen (Samulin Kankas), Grue finnskog, 64, 71, 81
Rottneberget, Grue finnskog, 22, 74, 86, 91, 94, 96
Rovaniemi socken, Finland, 38
Rundberget, Våler finnskog, 73
Rundhaugen, Grue finnskog, 138
Runketorp (Ronkaisentorppa), Gräsmark, 114
Runnsjön, Östmark, 24, 26, 50, 54, 79, 82, 88, 91, 100
Runnsjötorp (Uötilä), Östmark, 28, 135
Runnsjöviken (Rantamäki), Östmark, 50
Ruohinmäki, Dalby, 28, 124
Ruohtalainen, 117
Ruokolahti socken, Finland, 30, 41, 105
Ruovesi socken, Finland, 31, 33, 42, 61, 86, 113
Rusainen, 118

Ruskeala socken, Finland, 14,
 56, 58, 61, 71, 82, 83, 96,
 111, 117
Ryggskog (Hyvölä), Los, 35,
 38, 60
Ryslöinen, 118
Råbäcken (Rajapuro), Östmark,
 19
Rådelsbråten (Rajaho), Norra
 Finnskoga, 73, 84
Rådelsbråten (Rajaho), Våler
 finnskog, 73, 104, 138
Rågsveden, Äppelbo finnmark,
 121
Räihäinen, 110
Räihälä, Alfta finnskog, 46, 110
Räisälä socken, Finland, 111
Räkkylä socken, Finland, 58,
 61, 67, 73, 139
Rämestorp (Rämäksentorppa),
 Gräsmark, 66, 80, 112
Rämmens sockens finnskog,
 17, 43, 54, 102, 112, 121
Rämsberg, Rämmen, 112
Rämäinen, 111
Rättviks sockens finnmark, 76,
 107, 128, 132
Röberg, Östmark, 28, 100
Röjden (Ryki), Södra
 Finnskoga, 18, 20, 21, 22,
 28, 64, 100, 124, 134
Röjdoset (Purala), Östmark, 19,
 103
Rönnbacken (Säkkilä), Ockelbo
 finnmark, 93
Rönningen (Raivio),
 Gunnarskog, 82
Röntyinen, 116
Rörkullen, Lekvattnet, 15, 69,
 114

S

Saarijärvi socken, Finland, 33,
 34, 90, 102, 106, 124, 125,
 128
Sala silvergruva, 76, 77
Salmis socken, Finland, 56
Salungen, Mangskog, 112, 119
Sandbakken, Vinger finnskog,
 123
Sandsjö, Orsa finnmark, 38, 63,
 90, 116
Sandsjöberg, Östmark, 68, 91
Sandsundet, Åsnes, 67, 71
Savitaipale socken, Finland, 15,
 63, 120
Savolainen, 119
Sefaståsen (Sefasti), Ore, 51
Seiloinen, 119
Seppäinen, 119
Siekinen, 120
Sievi socken, Finland, 15
Sigfridstorp, Glava, 134
Sigfridstorp/Sigfridsberg
 (Sipilä), Östmark, 59, 121
Sigfridstorpet (Sipintorpa), Nås
 finnmark, 141
Siikainen, 120
Siikaisen autio, Vinger
 finnskog, 121
Siikajoki socken, Finland, 27,
 38, 78, 100, 101
Sikainen, 121
Sikasvik (Sikaisenlahti),
 Gräsmark, 121
Sikåa (Siikajoki), Vinger
 finnskog, 121, 137
Siljuberget, Elverum finnskog,
 52, 73
Silkoset, Våler finnskog, 52, 73

Silleruds sockens finnskog, 99, 133
Siloinen, 122
Siloisen autio, Brandval finnskog, 122
Simoinen, 122
Skallbäcken, Södra Finnskoga, 22, 39, 43, 62, 76, 85, 91
Skalltorp (Skalla), Fryksände, 28, 48, 64, 100
Skasberget, Grue finnskog, 86, 111
Skasberget, Våler finnskog, 29
Skasdammen, Brandval finnskog, 23, 96, 100
Skasenden, Grue finnskog, 74
Skattlösberget, Grangärde finnmark, 73, 110, 113, 138
Skifsen, Säfsnäs finnmark, 106
Skjærberget (Napura), Trysil finnskog, 18
Skråckarberget (Vilhula), Södra Finnskoga, 14, 22, 62, 72, 91, 97, 121, 124, 140, 141
Skuggerud, Gunnarskog, 108
Skullerud (Skuru), Vinger finnskog, 122, 123
Skåkberget (Sojomäki), Grue finnskog, 23, 111, 123
Skålsjön, Bogen, 28, 51, 60, 74
Skåråhon, Norra Finnskoga, 22, 34, 39, 84, 140
Skälkberget, Grangärde finnmark, 123
Skärfjället (Juva), Rämmen, 120, 121
Slavanka socken, Ingermanland, 38, 48, 77, 89, 110, 113

Sletmoen, Brandval finnskog, 74
Sletmoen, Våler finnskog, 18, 73, 114
Slätten (Putkola), Järna finnmark, 55, 56, 104
Smedtorpet (Liukola), Brandval finnskog, 74
Snekkermoen, Vinger finnskog, 123
Snipa, Vitsand, 100, 128
Sniptorp (Moijala), Bjuråker, 83
Snårberg, Nyskoga, 28, 79, 89, 91, 96
Soarijärvi socken, Finland, 39
Soastainen, 124
Soikkainen, 122
Sojoinen, 123
Solberg (Kyttölä), Ekshärad, 67
Sollien, Grue finnskog, 45, 111
Somero socken, Finland, 31
Soranstorp (Suurestorpa), Gräsmark, 32, 50, 66, 80, 107, 126, 130
Sordavala/Sortavala socken, Finland, 14, 18, 21, 38, 44, 47, 48, 59, 61, 72, 77, 82, 86, 93, 95, 97, 101, 102, 106, 131
Sorkainen, 123
Sorktjärn (Sorkalammi), Östmark, 47, 82, 123, 125
Sormuinen, 123
Sorrainen, 124
Sorrila, Hassela, 124
Sorsa, 124
Sotkamo/Sortavala socken, Finland, 36, 38, 41, 68, 117, 120

Spaksjön (Hynnilä), Svärdsjö, 38, 42, 97, 131
Sparkberg, Östmark, 34, 68, 85, 94
Spettungen (Mammola), Lekvattnet, 73, 75, 77, 80, 96, 112, 123
St. Andreae/Antrea socken, Finland, 15, 52, 64, 67, 102, 105
St. Michel (Mikkeli) socken, Finland, 14, 18, 20, 27, 30, 31, 32, 33, 34, 36, 38, 39, 40, 42, 44, 47, 49, 52, 57, 59, 60, 61, 62, 68, 69, 71, 74, 77, 78, 79, 80, 81, 86, 88, 90, 93, 94, 95, 101, 102, 105, 106, 107, 109, 112, 119, 120, 123, 132, 136, 138, 139
St. Mårtens/Marttila socken, Finland, 80
St. Petersburg, 14, 15, 18, 20, 21, 27, 31, 32, 34, 35, 38, 39, 40, 41, 42, 43, 44, 47, 48, 52, 56, 58, 59, 60, 61, 63, 66, 69, 70, 74, 78, 79, 81, 82, 84, 86, 89, 90, 91, 92, 94, 95, 96, 97, 101, 102, 107, 109, 110, 113, 117, 118, 119, 120, 124, 125, 126, 130, 131, 134, 139, 141, 142
Stampetorpet (Pöuhöinen), Brandval finnskog, 108
Stampetorpet (Pöuhöinen XE "Stampetorpet (Pöuhöinen), Brandval finnskog" , Brandval finnskog, 108
Steinreisberget, Brandval finnskog, 89, 96

Stenbråten (Kivaho), Vinger finnskog, 90
Stenbråten (Kivaho), Östmark, 19
Stensgårds utskog, Lekvattnet, 31, 41, 47, 50, 58, 60, 91, 94, 98, 100, 106, 130
Stentorp (Kivitorpa), Bogen, 31, 95, 96
Stora Björnmossen (Poasola), Ockelbo finnmark, 101
Stora Lönnhöjden (Vuaahermäki), Säfsnäs finnmark, 18, 84
Stora Älgberget (Hiirvimäki), Säfsnäs finnmark, 107
Storberg (Mustikkamäki), Norra Finnskoga, 18
Storberget (Mikkola), Grue finnskog, 39, 45, 121
Storberget, Åsnes finnskog, 86
Storkyro/Isokyrö socken, Finland, 62, 70, 71, 75, 85, 90
Stormörtsjön (Lainila), Torps sockens finnbygd, 68, 100
Strandbråten (Rantaho), Vitsand, 34, 59
Strutstorpet (Moilainstorpet), Gräsmark, 82, 112
Stöde finnmark, 141
Suhestorp (Suhoisentorppa), Gräsmark, 125
Suhoinen, 125
Suistamo socken, Finland, 69, 75
Sulkava socken, Finland, 20, 21, 29, 31, 35, 36, 38, 40, 41, 43, 44, 47, 52, 56, 61, 62, 66, 71, 77, 78, 79, 90, 91, 93, 94,

97, 102, 104, 107, 108, 109, 113, 118, 120, 122, 123, 129, 130, 133, 134, 135, 139
Sundsberg, Malungs finnmark, 99
Suomenniemi socken, Finland, 61
Suonenjoki socken, Finland, 62, 78, 125, 139
Suren, Elverum finnskog, 126
Surstahon, Norra Finnskoga, 120, 138
Suuroinen, 126
Suutarinen, 126
Svabensverk, Alfta, 108
Svartberget (Orala), Grue finnskog, 86, 91
Svartberget (Ullala), Vinger finnskog, 91, 100, 123
Svartbäcken (Mustapuro), Lekvattnet, 88
Svarthultet (Holta), Vitsand, 89, 95
Svarthultsberg (Mustamäki), Runnsjön, Östmark, 27, 47, 50, 61, 68, 82, 88
Svartnäs bruk, Svärdsjö, 69
Svartvadet (Kilpola), Våler finnskog, 38, 59
Svenshöjden (Venshöuvä), Nyskoga, 117, 118, 137, 139, 142
Svenstorpet (Svennilä), Brandval finnskog, 74, 100
Svulltjern (Suutarinsauna), Brandval finnskog, 29
Svulttjärn (Nälkälampi), Gräsmark, 28

Svärdsjö finnskog, 16, 32, 35, 38, 42, 46, 68, 69, 70, 78, 95, 97, 119, 131, 142
Synninen. *Se* Synnyinen
Synnyinen, 126
Sysmä socken, Finland, 42, 99, 107
Systerbäck socken, Finland, 119
Sågtorp (Saha), Fryksände, 126
Säfsnäs finnmark, 16, 17, 18, 31, 33, 44, 56, 58, 73, 88, 99, 100, 102, 105, 106, 107, 113, 114, 115, 120, 121, 130, 138, 141
Säfsnäs kyrkby, Säfsnäs, 110, 135
Säkkijärvi socken, Finland, 29, 61, 93, 108, 120, 126
Säljebråten, Gräsmark, 56
Sälsjön, Gräsmark, 32, 47, 50, 65, 66
Sälsjön, Mangskog, 65
Säterberget (Sätermäki), Södra Finnskoga, 44, 83, 117
Sätra under Östmarks gård, Östmark, 26
Sääksmäki socken, Finland, 21
Sääminki socken, Finland, 56, 84, 90, 94, 101, 136
Söderlia (Tasala), Gräsmark, 39, 128
Södra Lekvattnet, 28, 67, 86, 92, 95, 123
Södra Los (Huiskala), Färila, 35
Södra Röjdåsen (Sikala), Östmark, 19, 26, 28, 42, 45, 48, 121

Södra Viggen (Karvala),
  Nyskoga, 21, 28, 48, 108,
  118
Södra Åskogsberget, Östmark,
  118, 137
Södra Ängen, Gräsmark, 39, 60
Søndre Gravberget, Våler
  finnskog, 34, 67, 73, 138
Søndre Lauvberget, Grue
  finnskog, 110, 119, 124, 140
Søndre Vermunden, Åsnes
  finnskog, 97, 112, 117, 140

T

Taijainen, 127
Taipalsaari socken, Finland, 15,
  41, 130
Tallberg (Männymäki),
  Östmark, 19, 26, 56, 66, 91,
  96, 100
Tamarainen, 127
Tamaraisen autio, Östmark,
  127
Tammela socken, Finland, 42,
  113, 120
Tammerfors, Finland, 58
Tandsjö, Orsa finnmark, 60
Tangen, Vinger finnskog, 60,
  122, 123, 137
Tarvainen, 127
Tasainen, 128
Taskila, Hassela, 129
Taskinen, 129
Tasstorp (Tasala), Gräsmark,
  105, 128
Tasstorp, Ljusnarsbergs
  finnmark, 128
Tavastehus socken, Finland,
  139

Tavastkyro/Härmeenkyrö
  socken, Finland, 109
Tehulampi socken, Finland, 56
Teiskinen, 129
Teisku socken, Finland, 63
Temmes kapell, Lemingo
  socken, Finland, 41
Temmes socken, Finland, 48
Tenhuinen, 129
Tenhula, Hassela, 129
Tenhunstorp (Tenhula),
  Östmark, 59, 129, 130
Tenskog (Hännilä), Färila, 60
Tiiainen, 130
Tiihoinen, 130
Tiihola, Gräsmark, 130
Tiitinen, 131
Tikkainen, 131
Tilkinen, 131
Tilktorpet (Tilkintorpa),
  Gunnarskog, 131
Timbonäs, Gräsmark, 65, 66,
  81, 88, 91, 105, 115, 116,
  132
Timmoinen, 132
Timmola, Hassela, 132
Timotorp, Glava, 132
Tinnhöjden, Gunnarskog, 108,
  132
Tiskaretjärn, Gräsmark, 27, 39,
  50, 87, 88, 121, 140
Tithöjden, Glava, 131
Tobyn, Mangskog, 61
Tohmajärvi socken, Finland,
  40, 47, 48, 63, 70, 74, 85,
  110, 121, 122, 124, 128
Toivakkainen, 132
Tolbaggen, Gunnarskog, 108

Tolgraven (Ukonhauvat), Södra Finnskoga, 100, 117, 136, 140
Tommela socken, Finland, 34
Tomteberget, Vinger finnskog, 104
Torniainen, 132
Tornismäki, Orsa finnmark, 132
Torpberg, Malungs finnmark, 16
Torpberg, Östmark, 65
Torps sockens finnskog, 68, 100
Torpvallen, Södra Finnskoga, 37
Tossavainen, 133
Totjärnsberg (Tutperi), Nyskoga, 44, 83
Trindtjärnsbråten (Pyörlamminaho), Gunnarskog, 51, 82
Trolovsbråten/Brenna (Naimaho), Brandval finnskog, 72, 91
Trysil finnskog, 18, 30, 34, 42, 116, 118, 126, 129, 142
Trångsund, Finland, 126
Trøen (Ryönä), Brandval finnskog, 45, 63
Trøslien, Brandval finnskog, 29
Tuppurainen, 134
Turbeinstorpet (Turpiala), Åsnes finnskog, 134
Turpiainen, 134
Turpoinen, 134
Tuulois kapell, Hollola socken, Finland, 49
Tuusniemi socken, Finland, 15, 18, 43, 58, 61, 102, 108, 136
Tvengsberget, Grue finnskog, 19, 29, 91, 110, 111
Tvällen, Gräsmark, 66
Tvärberg (Rumamäki), Östmark, 91
Tväråa (Suhola), Östmark, 121, 125
Tygn, Säfsnäs finnmark, 102, 121
Tyngsjö, Malungs finnmark, 35
Tyrvis socken, Finland, 135
Tyrväntö socken, Finland, 101, 110
Tyskeberget/Tysjøberget, Åsnes finnskog, 72, 140
Tysketorpet (Paalala), Grue finnskog, 48, 71, 100, 117, 137
Tysktorp (Poalala), Nyskoga, 100, 140
Tysktorp (Puaalala), Vitsand, 83, 100
Tyyhyinen, 135
Tönnebyn, Långserud, 133, 141
Tönnöinen, 133
Törnävä kapell, Finland, 15, 40, 66, 131
Töröinen, 134

U

Uggelheden (Höljyxenmäki), Norra Finnskoga, 44, 84, 98, 130, 133
Ukkoinen, 136
Ukkola, Hassela, 136
Ukonmurto, Östmark, 136

Uleåborg, Finland, 62, 76, 94, 95, 106, 138
Ulvsjön (Palotorppa), Gräsmark, 39
Unnainen, 136
Untorp (Unnala), Orsa finnmark, 98, 136
Uotinen, 135
Urjala socken, Finland, 34, 40, 47, 96, 101, 106, 135
Uskela socken, Finland, 29
Utriainen, 136
Uukiniemi socken, Finland, 31, 56, 61, 70, 97, 126, 130, 137

V, W

Vainoinen, 137
Vaisinen, 137
Vakerskogen (Karjala), Järna finnmark, 34, 46, 73, 135
Valkeala socken, Finland, 78, 120
Valkeasaari socken, Finland, 35, 142
Valkjärvi socken, Finland, 61, 113
Valkoinen, 137
Vampula socken, Finland, 34
Vangen, Vinger finnskog, 58
Vantila, Alfta finnskog, 139
Vantinen, 139
Vappuinen, 138
Varaldsbakken (Passula), Vinger finnskog, 93
Varaldskogen (Värälä), Vinger finnskog, 15, 58, 108, 122, 123
Varaldsänden (Värälinpeä), Gunnarskog, 28, 91, 123

Varkaus socken, Finland, 41, 117, 125
Varpuinen, 138
Vastaberget, Vinger finnskog, 104
Vauhkoinen, 138
Vauhkoisen autio, Östmark, 138
Vederlax/Virolahti socken, Finland, 33, 49, 63, 66, 98
Veggelustorpet (Kuhmalainen), Grue finnskog, 64
Vehkalahti socken, Finland, 61
Veliaho, Nyskoga, 48
Vemo/Vehmaa socken, Finland, 95
Venberget, Hof finnskog, 71, 140
Vermundsmoen, Åsnes finnskog, 71, 96
Vesilahti socken, Finland, 74, 80, 98
Vestre Lukashaugen (Jänsilä), Grue finnskog, 22, 74
Veteläinen, 139
Vianstorp (Vihoisentorpa), Gräsmark, 140
Viborg/Viipur socken, Finland, 14, 18, 38, 43, 48, 61, 67, 77, 86, 95, 109, 119, 130, 139, 140
Vichtis/Vihti socken, Finland, 31
Vihanti socken, Finland, 63, 77, 98
Vihoinen, 140
Viiksinen, 141
Viitasaari socken, Finland, 35, 56, 63, 127
Viitola socken, Finland, 61

Vika, Sunne, 13
Viker (Viikero), Vinger finnskog, 48, 60, 91
Vilhuinen, 141
Villola (Vilhula), Stöde finnmark, 141
Vilmanstrand socken, Finland, 15, 102, 108, 118, 119
Vimpeli socken, Finland, 79
Vinervallen, Äppelbo finnmark, 57
Vinger finnskog, 15, 19, 28, 45, 47, 48, 58, 60, 61, 64, 73, 74, 80, 82, 85, 88, 90, 91, 93, 100, 104, 105, 108, 121, 123, 124, 137
Virdois kapell, Ruovesi socken, Finland, 31, 33, 42
Virdois/Virrat socken, Finland, 67
Virolainen, 142
Vittjärn, Lekvattnet, 27, 28, 32, 42, 53, 68, 92, 106, 112, 114, 130
Volla, Vinger finnskog, 19
Voxna sockens finnskog, 48
Våhlberget (Murtomäki), Vitsand, 39, 95
Våhlåsen (Laukuharju), Äppelbo finnmark, 121
Vålberget (Mulikkala), Grue finnskog, 45, 71, 84, 111, 121, 128
Vålberget (Murtomäki), Södra Finnskoga, 44, 72, 97, 141
Våler finnskog, 18, 29, 38, 52, 59, 67, 73, 84, 97, 104, 126, 138, 140, 142
Väisäinen, 139

Väkram, Järna finnmark, 104
Väntäinen, 139
Västergyllen, Gunnarskog, 111
Västra Gåstjärnsberg, Malungs finnmark, 67
Västra Kalvhöjden (Vasikkamäki), Östmark, 91
Västra Kymmen, Gräsmark, 50, 56, 75, 81
Västra Mulltjärn (Saunoila), Östmark, 19, 23, 26, 59, 78, 91, 112, 137
Västra Mörtnäs, Karlanda, 71, 114
Västra Näsberget, Norra Ny, 18, 64, 80, 137
Västra Solberget, Säfsnäs finnmark, 106
Västra Svartnäs (Pöntölä), Svärdsjö, 107

Y

Ylihärmä socken, Finland, 49, 120
Ylistaro socken, Finland, 74
Yläjärvi socken, Finland, 71, 90
Ytterhogdals finnskog, 21, 32
Yökköinen, 142

Å

Åberget, Vinger finnskog, 123
Åmodt, Vinger finnskog, 123
Åsmoen, Vinger finnskog, 123
Åsnes finnskog, 18, 34, 35, 44, 52, 56, 67, 71, 72, 73, 84, 86, 96, 97, 100, 101, 111, 112, 114, 117, 120, 124, 125, 133, 134, 140

Ä

Älghalla, Östmark, 26, 59
Älgsjön, Södra Finnskoga, 52, 72, 86, 91, 128
Äppelbo finnmark, 52, 57, 80, 121
Ärtviken, Långserud, 109
Äyräpää socken, Finland, 39

Ö

Öhmöinen, 142
Öjeberg (Himala), Nyskoga, 21, 32, 83, 124
Ömmestorp (Öhmölä), Östmark, 66, 117, 118, 142
Ömpilax socken, Finland, 63
Örsjötorp (Pervilä), Gräsmark, 96
Örskogen, Järna finnmark, 34, 101
Örtjärnshöjden (Niipimäki), Lekvattnet, 28, 54, 59, 60, 112
Örtjärnstorp, Gräsmark, 91
Össjön, Los, 21
Østgården, Vinger finnskog, 122
Östmark sockens finnskog, 19, 23, 24, 26, 27, 28, 31, 32, 34, 40, 42, 45, 47, 48, 50, 53, 54, 56, 61, 66, 67, 72, 79, 80, 81, 82, 85, 86, 88, 91, 92, 94, 96, 99, 100, 103, 104, 111, 112, 114, 116, 117, 118, 121, 125, 129, 130, 136, 137
Östra Gåstjärnsberg, Malungs finnmark, 16, 17
Östra Kalvhöjden (Lihavamäki), Östmark, 99, 100
Östra Kymmen, Gräsmark, 81
Östra Mulltjärn (Juhola), Östmark, 90
Östra Mulltjärn (Oinola), Östmark, 19, 23, 90
Östra Mörtnäs, Karlanda, 114
Östra Näsberget (Kinoisenmäki), Malungs finnmark, 21, 31, 58, 67, 121
Østre Lukashaugen (Pertula), Grue finnskog, 22, 71, 74
Østre Vermunden (Pulkkila), Åsnes finnskog, 101, 111, 124
Østre Vermundsberget, Åsnes finnskog, 71
Øyern, Brandval finnskog, 48, 60, 64, 72, 86, 91, 94, 99, 111

www.ingramcontent.com/pod-product-compliance
Lightning Source LLC
Chambersburg PA
CBHW020257170426
43202CB00008B/404